中等职业教育汽车专业理实一体化系列教材

# 新能源汽车维修业务接待

主　编　赖慧豪　张樱子

副主编　詹璧圭　杨　康　舒一鸣

参　编　王丽琴　胡伟衔　陈燕瑜　张永忠　李杰伟

主　审　何　扬　段忠礼

机械工业出版社

本书以新能源汽车4S店服务流程为主线，全面、系统地介绍了新能源汽车维修业务接待各环节的知识和技能。首先介绍了新能源汽车服务顾问应具备的基本知识，包括新能源汽车的定义、分类与发展状况，纯电动汽车和混合动力汽车的结构组成、保养计划和项目，以及混合动力汽车保修政策和上汽新能源汽车的售后服务流程；然后根据新能源汽车售后服务流程各环节展开，分别介绍了预约、接待、维修质检、交车、跟踪回访5个环节的相关知识和技能。

本书采用案例导入学习情境，形式生动活泼，通俗易懂；根据职业院校学生认知规律，分为学习准备、信息收集、工作计划与决策、任务实施、评价反思、巩固与练习6个“任务驱动”的步骤，便于学生掌握相关知识和技能。

本书可供职业院校新能源汽车售后服务相关课程学习使用，也适于其他汽车专业方向学生学习，同时还可供在职的新能源汽车售后服务顾问以及其他汽车行业相关人员阅读参考。

**图书在版编目（CIP）数据**

新能源汽车维修业务接待 / 赖慧豪，张樱子主编. — 北京：机械工业出版社，2023.6

中等职业教育汽车专业理实一体化系列教材

ISBN 978-7-111-73238-9

Ⅰ. ①新… Ⅱ. ①赖… ②张… Ⅲ. ①新能源–汽车维修业–商业服务–中等专业学校–教材 Ⅳ. ①U472.31

中国国家版本馆CIP数据核字（2023）第092104号

机械工业出版社（北京市百万庄大街22号 邮政编码100037）

策划编辑：齐福江　　责任编辑：齐福江　丁　锋

责任校对：贾海霞　徐　霆　　封面设计：陈　沛

责任印制：常天培

北京机工印刷厂有限公司印刷

2023年7月第1版第1次印刷

184mm × 260mm · 9.75印张 · 157千字

标准书号：ISBN 978-7-111-73238-9

定价：49.00元

电话服务

客服电话：010-88361066

010-88379833

010-68326294

网络服务

机　工　官　网：www.cmpbook.com

机　工　官　博：weibo.com/cmp1952

金　书　网：www.golden-book.com

机工教育服务网：www.cmpedu.com

# FOREWORD 前言

党的二十大报告提出建设现代化产业体系和强化现代化建设人才支撑的理念。我们要实现的中国式现代化，是人与自然和谐共生的现代化，必须全面贯彻新发展理念，坚持可持续发展，坚定不移走生产发展、生活富裕、生态良好的文明发展道路，实现中华民族永续发展。近年来，能源转型已在全球形前成高度共识，我国新能源汽车产业也随之蓬勃发展，新能源汽车占比呈现日渐增加的趋势。二十大报告非常明确地把大国工匠和高技能人才作为人才强国战略的重要组成部分，人才培养已经成为重大课题。此外，由于新能源汽车与传统汽车的配置不同，维护保养的项目也有很大区别，如何在教学过程中产教融合，如何培养学生做好新能源汽车的各项服务工作，成为汽车职业教育领域亟待解决的问题。

有鉴于此，编者以产教融合为核心，围绕新能源汽车 4S 店服务流程为主线，全面、系统地介绍了新能源汽车维修业务接待各环节的知识和技能。首先介绍了新能源汽车服务顾问应具备的基本知识，包括新能源汽车的定义、分类与发展状况，纯电动汽车和混合动力汽车的结构组成、保养计划和项目，同时介绍了汽车营销国赛指定车型上汽荣威及比亚迪新能源汽车的保修政策、服务特色和售后服务流程；然后根据新能源汽车售后服务流程各环节展开，分别介绍了预约、接待、维修质检、交车、跟踪回访 5 个环节的相关知识和技能。

本书采用案例导入学习情境，形式生动活泼，通俗易懂；根据职业院校学生认知规律，分为学习准备、信息收集、工作计划与决策、任务实施、评价反思、巩固与练习 6 个“任务驱动”的步骤，便于学生掌握相关知识和技能。

本书可供职业院校新能源汽车售后服务相关课程学习使用，也适于其他汽车专业方向学生学习，同时还可供在职的新能源汽车售后服务顾问以及其他汽车行业相关人员阅读参考。

本书在编写过程中，得到了北京博乐汇智汽车技术研究院等相关单位的支持，特此鸣谢。

编　者

# 二维码目录

CONTENTS

# 目 录

# 任务一 认识新能源汽车

## 学习情境

某学校汽车技术与服务系学生李新，品学兼优，2019 年有幸参加了“全国职业院校技能大赛中职组汽车营销”赛项，并获得了一等奖，毕业后被上汽荣威某 4S 店录用，任职为新能源汽车服务顾问。她聪明伶俐，接受新事物很快，再加上她参加过汽车营销的国赛，具有较强的礼仪素养和服务意识，很快便成为 4S 店的骨干力量，得到了领导的赞同与好评。虽然服务顾问工作很累，但她感觉充实和快乐。就像她说的“只要听到客户真诚的感谢以及对我的信赖，我就会坚定不移地走下去。”

认识新能源汽车 1

认识新能源汽车 2

## 任务分析

当前新能源汽车产业发展势头迅猛，全国新能源汽车 4S 店在短时间内进行快速布局，那么就要有大量的新能源汽车售后服务高技能人才与之匹配。在新能源汽车售后服务过程中，要达到流程标准化、规范化、系统化，售后服务人员的汽车专业水平、对汽车的了解程度、售后的服务水平、售后质量保证体系以及汽车维修保养收费的合理性都起着至关重要的作用。作为新能源汽车的服务接待人员，服务顾问必须具备新能源汽车的基本知识和服务技能。

## 学习目标

**★知识目标**

1）能描述新能源汽车的定义、分类与发展状况。

2）能描述混合动力汽车、纯电动汽车的结构组成。

3）能描述新能源汽车服务特色及服务流程。

**★技能目标**

1）能说出混合动力汽车、纯电动汽车各部件的名称。

2）能说出混合动力汽车、纯电动汽车保养计划和项目。

3）能说出荣威 ei6 汽车的保修政策。

4）能基本建立起“绿芯管家”服务理念。

★素养目标

1）树立严谨认真的工作态度。

2）树立诚信服务的工作意识。

## 学习任务

学习新能源汽车的基本知识及服务特色。

## 一、学习准备

车辆准备：上汽荣威 ei6（45T 混动互联智尊版）轿车，比亚迪纯电动汽车。

资料准备：学习资源，学习活动过程评价表，综合评价表。

学生准备：学生分组。

## 二、信息收集

### 1. 新能源汽车的定义、分类与发展状况

（1）新能源汽车的定义

新能源汽车具有汽车与新能源利用的双重含义。人们通常把利用内燃机（燃油发动机）作为动力的汽车称为传统汽车，对于新能源汽车，我国在新能源汽车不同的发展阶段有不同的定义。

2009 年 6 月，工业与信息化部（工产业［2009］第 44 号）公告发布的《新能源汽车生产企业及产品准入管理规则》明确指出：新能源汽车是指采用非常规的车用燃料作为动力来源（或使用常规的车用燃料、采用新型车载动力装置），综合车辆的动力控制和驱动方面的先进技术，形成的技术原理先进、具有新技术、新结构的汽车。

非常规的车用燃料是指除汽油、柴油、天然气（NG）、液化石油气（LPG）、乙醇汽油（EG）、甲醇、二甲醚之外的燃料。

根据 2012 年国务院发布的《节能与新能源汽车产业发展规划（2012—2020 年）》（国发［2012］第 22 号）主要政策，在 2012 年沿用新能源汽车名词，分

类包括插电式混合动力汽车、纯电动汽车和燃料电池汽车。主要特征是采用新型动力系统，完全或主要依靠新型能源驱动的汽车。

根据2017年7月1日正式实施的《新能源汽车生产企业及产品准入管理规定（工信部第39号令）》：新能源汽车是指采用新型动力系统，完全或者主要依靠新型能源驱动的汽车，包括插电式混合动力（含增程式）汽车、纯电动汽车和燃料电池汽车等。

增程式电动汽车（Extended-Range Electric Vehicles，简称EREV），是电动汽车的一种。其与纯电动汽车的区别是，车辆安装一台燃油发动机，在动力电池电量不足时能为动力电池充电。

（2）新能源汽车的分类

根据目前新能源汽车的技术发展，按照新能源汽车驱动系统获取能源的方式，分为两种类型，如图1-1所示。

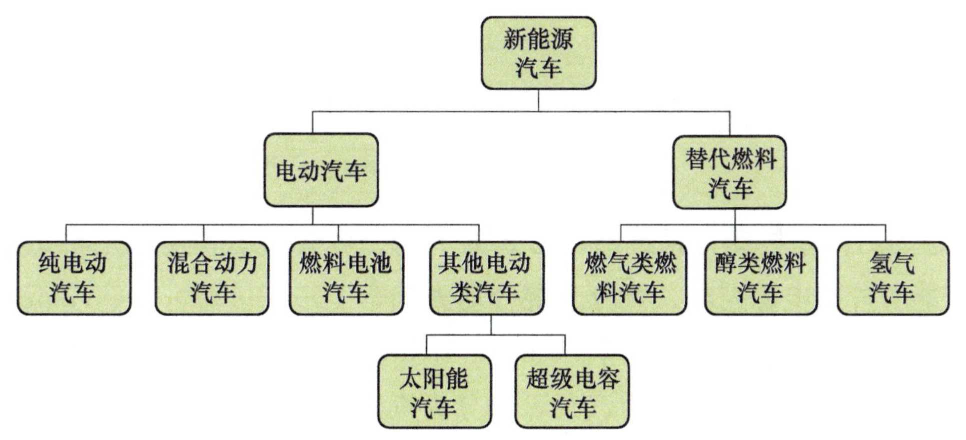


**图1-1 按驱动系统获取能源方式划分的新能源汽车类型**

一类是以电力驱动技术为主的电动汽车，包括纯电动汽车、混合动力汽车、燃料电池电动汽车，以及太阳能电动汽车、超级电容电动汽车等。把燃料电池汽车、太阳能汽车和超级电容汽车归类到电动类型汽车中的主要原因，在于此类汽车的能源最终都是转换成电力的形式存储在动力电池中或者直接通过电机驱动车辆。

另一类是在内燃机基础上研发以替代燃料（非常规车用燃料）技术为主的替代燃料汽车，如氢能源汽车、LPG燃料汽车等。根据目前国家对新能源汽车的定义，替代燃料汽车、非插电式混合动力汽车没有被列入新能源汽车范畴，即不享受补贴政策。

下面介绍几种典型新能源汽车的特点。

1）混合动力汽车：国际电子技术委员会对混合动力汽车的定义为，在特定的工作条件下，可以从两种或两种以上的能量存储器、能量源或能量转化器中获取驱动能量的汽车，其中至少一种存储器或转化器要安装在汽车上。从广义上讲，混合动力汽车是指装备有两种具有不同特点驱动装置的汽车，其中一种是主要动力源，另一种是辅助驱动装置，目前应用最多的是油电混合动力系统。混合动力汽车通常是指油电类型混合动力汽车，即内燃机与动力电池、电机的驱动混合。混合动力汽车通常车辆上标识有 Hybrid、HEV 或 PHEV 字样，如图 1-2 所示。

图 1-2　混合动力汽车标识

混合动力汽车按动力系统结构形式的不同，可分为串联式、并联式和混联式。按能否外接电源充电，可分为混合动力汽车（Hybrid Electric Vehicle，简称 HEV）和插电式混合动力汽车（Plug-in Hybrid Electric Vehicle，简称 PHEV）。按燃料种类的不同，混合动力汽车可以分为汽油混合动力和柴油混合动力两种类型。目前国内市场上，混合动力汽车的主流都是汽油混合动力，而国际市场上柴油混合动力车型发展也很快。

市场上的混合动力汽车都属于油电类型混合动力汽车，主要特点是：采用小排量的内燃机发动机降低了燃油消耗；将制动和下坡时的能量回收到动力电池中再次利用，降低了燃油消耗；在繁华市区，可关停发动机，由电机单独驱动，实现“零排放”。

大部分的混合动力汽车的驱动系统拥有 4 种不同的设置，包括节能、普通、运动和 EV 4 个模式，特别是 EV 模式值得关注。其允许车辆用纯电动力行驶一定的里程。根据 2021 年 10 月 1 日之后实施的标准，所有销售的混合动力车型想要获得新能源号牌资格，应该满足纯电续驶里程不低于 43km（之前是 50km）

的基本要求。

常见的混合动力汽车国外品牌有丰田普锐斯、雷克萨斯混动版（图 1-3）、奔驰 S 级混动版、凯迪拉克凯雷德混合动力版等，国内品牌有比亚迪唐、一汽奔腾 B70 混合动力版、荣威 ei6（图 1-4）等。

图 1-3　雷克萨斯 CT200h 混合动力汽车

图 1-4　荣威 ei6 混合动力汽车

2）纯电动汽车：纯电动汽车（Battery Electric Vehicle，简称 BEV 或 EV）顾名思义就是全部采用电力驱动的汽车，它利用动力电池作为储能动力源，依靠电机来驱动车辆行驶。纯电动汽车通常车辆上标识有 EV 的字样，如图 1-5 所示。

图 1-5　纯电动汽车标识

纯电动汽车已经有 100 多年的历史，但由于传统铅酸电池的连续行驶里程等使用性能指标不能够满足纯电动汽车的要求，使纯电动汽车的研发处于停止不前的地步。随着高性能锂离子电池和一体化电力驱动系统等技术的发展应用，纯电动汽车再次受到各国政府和企业的重视。纯电动汽车已在续驶里程、动力性、快速充电等方面取得了可喜的进展，已经进入实用化并大范围推广的阶段。

目前，纯电动汽车的技术攻关重点集中在提高动力电池性能、降低成本方面。与传统的汽车性能、成本比较，要满足产业化要求，纯电动汽车动力电池的质量能量密度需大幅度提高，成本也需大幅度下降。目前纯电动汽车主要应用于小型乘用车、大型公交车、市政与邮政等特殊用途车辆。

有专家认为，对于纯电动汽车而言，目前最大的障碍是基础设施建设以及价格影响了产业化的进程。与混合动力汽车相比，纯电动汽车更需要基础设施的配套，而这不是一家汽车生产企业能解决的，需要各企业联合起来与政府部门一起建设，才会有大规模推广的机会。

常见的纯电动汽车国外品牌有特斯拉（图 1-6）、宝马 i3/i8 等，国内品牌有北汽新能源纯电动汽车系列、比亚迪 e5 纯电动汽车（图 1-7）、吉利帝豪纯电动汽车系列等。

图 1-6　特斯拉纯电动汽车

图 1-7　比亚迪 e5 纯电动汽车

3）燃料电池电动汽车：燃料电池电动汽车（Fuel Cell Electric Vehicle，简称FCEV）是指以氢气、甲醇等为燃料，通过化学反应产生电流，依靠电机驱动的汽车。燃料电池的能量可通过氢气和氧气的化学作用，直接变成电能。燃料电池的化学反应过程不会产生有害产物，因此燃料电池汽车是无污染的汽车。燃料电池的能量转换效率比内燃机要高 2 ~ 3 倍，因此从能源的利用和环境保护方面，燃料电池汽车是一种理想的汽车。图 1-8 所示是本田 FCX 燃料电池汽车结构示意图，图 1-9 所示是荣威燃料电池汽车。

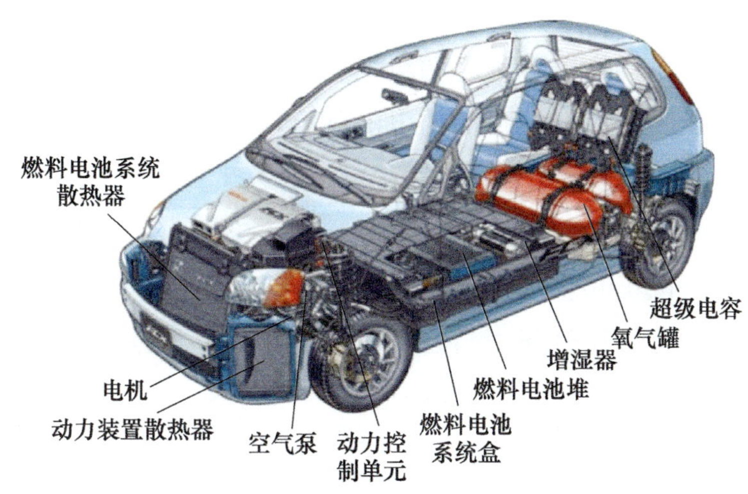


图 1-8　本田 FCX 燃料电池汽车结构示意图

4）太阳能电动汽车：太阳能电动汽车（图 1-10）是利用太阳能电池将太阳能转换为电能，并利用该电能作为能源驱动行驶的汽车。太阳能汽车是电动汽车的一种类型，但太阳能电动汽车在很大程度上降低了电动汽车的使用成本，而且非常环保。

图 1-9　荣威燃料电池汽车

图 1-10　太阳能电动汽车

太阳能电动汽车的主要优点是：

①以光、电代替燃油，可节约有限的石油资源。白天，太阳能电池把光能

转换为电能自动存储在动力电池中。在晚间或阴雨天，可以利用家用交流电（220V）进行充电，确保车辆照常行驶。

②无污染。因为不用燃油，不会排放污染大气的有害气体。

③噪声低。电动机的运行噪声远低于内燃机发动机。

太阳能电动汽车的缺点是：

①开发成本较高。

②受自然条件（阳光）的限制。

5）超级电容电动汽车：超级电容电动汽车采用了超级电容储能装置。利用双电层原理制成的大容量电容称为超级电容，利用超级电容储能的装置就称为超级电容储能装置。超级电容存储的电能配合动力电池的电能，经过逆变器加载到电机，实现对车辆的驱动。

我国第一辆超级电容电动公交车（图 1-11），2006 年 8 月 28 日在上海投入运营。使用证明，该车起步动作迅速有力，运行时清洁、经济、方便，在车顶上的可伸缩受电弓可快速升降，与公交车站上方的高压馈线碰触就可充电，中途充电 30s 即可，充一次电行驶 3~5 站地。

图 1-11　超级电容电动公交车

6）其他新能源汽车：采用其他新能源的汽车，如氢气汽车。氢气汽车也称氢动力汽车或氢燃料汽车，直接采用氢气作为发动机燃料（这区别于氢燃料电池汽车）。氢气汽车是一种真正实现零排放的交通工具，排放出的是纯净水，具有无污染、零排放、燃料储量丰富等优势。因此，氢气汽车是传统汽车最理想的替代方案。但是就制造成本而言，与传统动力汽车相比，氢气动力汽车成本至少高出 20%。

中国长安汽车在 2007 年制造了中国第一台高效零排放氢内燃机点火汽车，

并在2008年北京车展上展出了自主研发的中国首款氢气动力概念跑车“氢程”，如图1-12所示。

图1-12 “氢程”概念跑车

（3）新能源汽车的发展

由于气候变暖、环境污染、能源危机等原因，新能源汽车的开发早已引起了全球汽车生产厂家的关注，一些著名的汽车公司转向研究和开发新能源汽车。各国政府也相继发布新能源汽车发展战略和国家计划，加大政策支持力度，增加研发投入，全力推进新能源汽车产业化。随着新能源汽车技术瓶颈突破的预期大大增强，新能源汽车产业进入了快速发展的新阶段。

自2014年9月1日至2017年底，我国对获得许可在境内销售（包括进口）的纯电动以及符合条件的插电式（含增程式）混合动力、燃料电池三类新能源汽车，免征车辆购置税。

2014年7月，国务院办公厅发布《关于加快新能源汽车推广应用的指导意见》（下面简称《指导意见》），部署进一步加快新能源汽车推广应用。《指导意见》从总体要求、充电设施建设、积极引导企业创新商业模式、推动公共服务领域推广应用、进一步完善政策体系、坚决破除地方保护、加快创新能力建设、进一步加强组织领导等8个方面提出30条具体政策措施，促进新能源汽车产业转型升级。

2020年10月20日，国务院办公厅印发《新能源汽车产业发展规划（2021—2035年）》文件，明确指出汽车产业“坚持电动化、网联化、智能化发展方向，以融合创新为重点，突破关键核心技术，优化产业发展环境，推动我国新能源汽车产业高质量可持续发展，加快建设汽车强国”。

在国家政策的大力支持下，我国新能源汽车发展迅速。根据中国汽车工业协会发布的汽车工业产销数据显示，即便在汽车整体产销量下滑的情况下，我国新能源汽车仍然保持大幅度的上涨趋势。根据权威部门数据，2022 年，全国新能源汽车销售达 688.7 万辆，同比增长 93.4%，新能源汽车市场占有率达至 25.62%。新能源汽车增量连续多年呈持续高速增长趋势。

## 2. 混合动力汽车的结构组成

下面以上汽荣威 ei6 为例，介绍混合动力汽车的结构及工作原理。

（1）三擎驱动插电混动互联网乘用车

2017 年 4 月荣威 ei6 正式上市，荣威 ei6 顶配车型配备有 LED 头 / 尾灯组、17in㊀十辐式轮圈、无钥匙进入 / 一键起动、天窗、外后视镜电动折叠 / 加热等。内部设计上，新车标配 10.4in 高清触控电容屏和 12.3in 全液晶交互式虚拟仪表盘，还拥有“蓝芯高效动力”“绿芯新能源”和“智能互联系统”等“三擎”新技术。动力方面，荣威 ei6 搭载了一套由 1.0T 发动机、ISG 起动发电一体机、驱动 TM 电机、动力电池组构成的插电式混动系统，综合最大功率 228 马力㊁，综合最大转矩 622N·m，百公里综合油耗低至 1.5L，最大续驶里程可达 705km，动力电池从零容量到充满仅需 3h。

（2）主要部件

1）EDU 智能电驱变速器。EDU 智能电驱动变速器（图 1-13）是全球三大先进插电混动新能源技术之一，获得过美国专利，实现了高效动力、超低能耗和高度可靠耐久性，并带来优于燃油车型的驾驶平顺性。

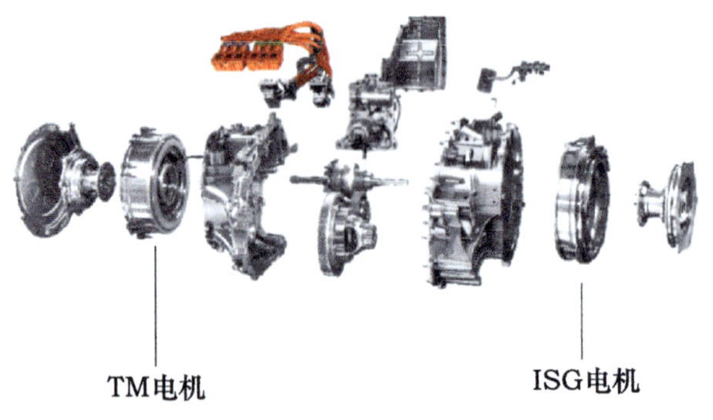


图 1-13 EDU 智能电驱变速器

㊀ 1in=0.0254m。

㊁ 1 马力 =735.499W。

2）PEB 电力电子箱。PEB 电力电子箱（图 1-14）集成了电机控制单元、逆变器、DC/DC 变换器和冷却循环系统，主要作用是将高压直流电转变为三相交流电，驱动交流电机；将高压直流电转变为 12V 直流电，为低压蓄电池充电或为车载用电器提供电源；将驱动电机转矩动能转变为电能为高压电池（动力电池）充电。

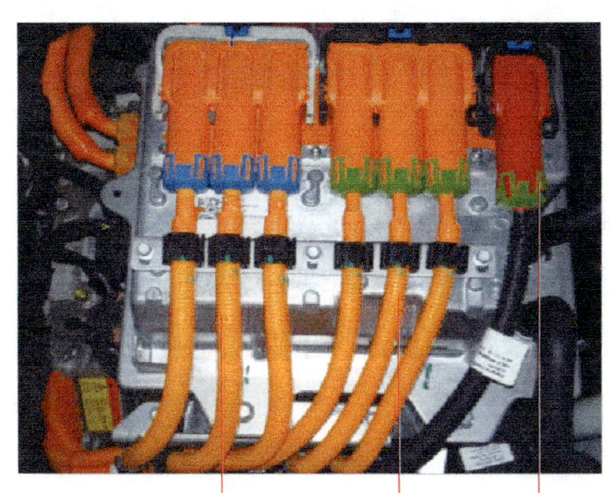


图 1-14 PEB 电力电子箱

3）冷却系统。荣威 ei6 混合动力汽车有 3 个冷却系统（图 1-15），即发动机冷却系统、电驱动变速器和电力电子箱冷却系统、高压电池（动力电池）冷却系统。冷却液在 3 个独立的冷却系统回路中循环，使发动机、PEB、EDU 和高压电池保持在最佳的工作温度。

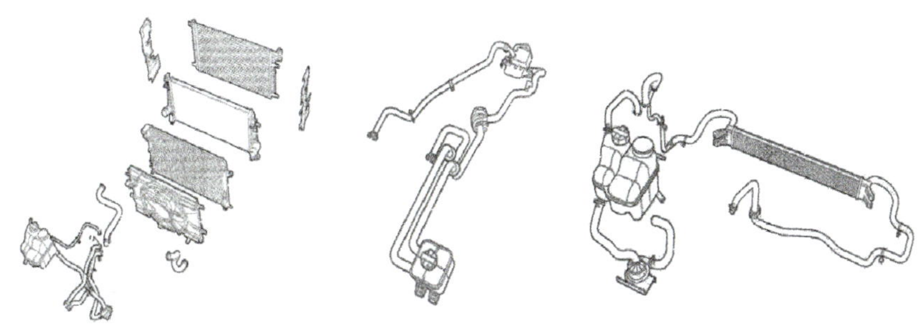

a) 发动机冷却系统　b) 高压电池冷却系统布置图　c) 电力电子箱（PEB）冷却系统布置图

图 1-15 荣威 ei6 冷却系统

4）组合仪表。荣威 ei6 混合动力汽车配备了 12.3in 全液晶交互式虚拟组合仪表（图 1-16），除了可以看到丰富的信息之外，还能提供舒适和动感两种主题风格。

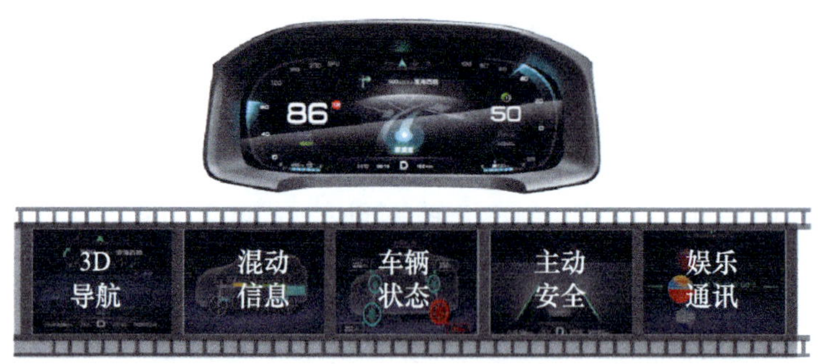


图 1-16　组合仪表

5）HCU 智能电控系统。HCU 智能电控系统（图 1-17）有 8 种混动控制策略：纯电动模式、串联驱动模式、并联驱动模式、发动机直驱模式（动力输出）、能量回收模式、行车充电模式（行驶中充电）、外接充电模式和怠速充电模式（静态充电）。这 8 种混动控制策略可智能地控制和调节动力输出、驾驶模式，满足驾驶者不同风格的驾驶需求，并兼顾驾驶体验和用车经济性。

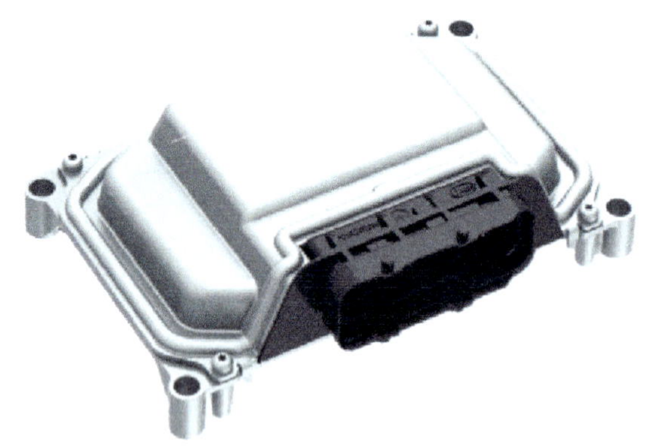

图 1-17　HCU 智能电控系统

（3）动力模式

1）纯电驱动模式：发动机不工作，EDU 可以通过高压电池带动 TM 电机，实现纯电机驱动的前进档和倒档。

2）串联驱动模式：发动机、TM 电机、ISG 电机均工作，发动机通过 ISG 电机给高压电池充电，但仅由 TM 电机提供驱动动力。

3）并联驱动模式：发动机可以通过 ISG 电机实现自动平稳起动并工作，发动机、TM 电机、ISG 电机均工作，都提供驱动动力。

4）能量回收模式：当车辆减速或制动时，车辆行驶的动能通过传动系统拖动电机发电并向高压电池充电的模式，能量回收模式有轻微回收、中等回收和强回收 3 种。

5）行车充电模式：车辆行驶时，发动机驱动车辆行驶，并对高压电池进行充电。

6）怠速充电模式：车辆怠速时，发动机对高压电池进行充电。

7）发动机直驱模式：仅用发动机驱动车辆，电机不工作。

（4）自定义模式

1）驾驶模式：荣威 ei6 有 3 种驾驶模式，分别是 SPORT 运动模式、NORMAL 标准模式、ECO 经济模式。在切换驾驶模式时，仪表盘的主题颜色也会随之发生变化。运动模式下动力的响应最快，发动机介入也更加积极；经济模式下动力响应较慢，但是依然能够应付城市路况；标准模式适合大多数情况，兼顾了动力与节能。

2）能量回收模式：能量回收模式的强度可以在强、中、轻三档之间切换，它们所对应的能量回收功率大约是 15kW·h、11kW·h、7kW·h。反映到车内乘员的感受上，在强回收模式下，松加速踏板时会有明显的拖拽感；而在轻回收模式下，松加速踏板虽然也会有一定的减速度，但是跟燃油车已没有太大的差异；中回收模式的表现则介于强和轻之间。

3）电量管理模式：车辆提供高压电池包的电量管理功能，驾驶人在常规模式下可通过中控台上电子换档器的电量管理模式选择开关（BATTERY，图 1-18），根据需要手动选择 3 种电量管理模式。向前或向后拨动电量管理模式选择开关，可在“强制充电”“智能模式”和“电量保持”模式间进行切换，模式切换为非循环式。通过仪表可以查看当前选择的电量管理模式。

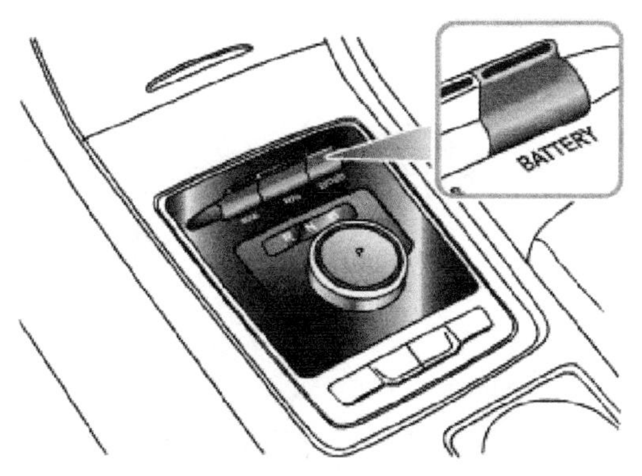


图 1-18 电量管理模式

### 3. 纯电动汽车的结构组成

（1）纯电动汽车的特点

纯电动汽车的基础仍然是汽车，只是驱动车辆的能源形式改变了。与传统汽车及混合动力汽车相比，纯电动汽车具有以下的特点。

1）保留传统汽车大部分部件，如车身、底盘、灯光等低压电气设备。

2）改变驱动车辆的动力形式。纯电动汽车的驱动系统是“三电”，即电池、电机和电控（图 1-19）。纯电动汽车的驱动系统上不再有传统汽车的发动机和变速器，取而代之的是位于车辆后部或底部的动力电池，以及位于原发动机位置的一个带有电机的变速驱动单元。电控系统包含控制电机的电机控制器（含逆变器）、外部充电系统、车载 12V 电源系统（DC/DC 变换器及低压蓄电池）、高压电源分配系统，以及低压控制系统（整车控制器 VCU、传感器等）。

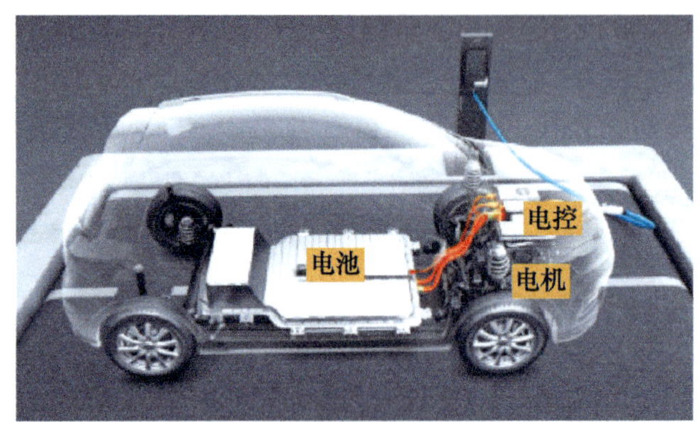


图 1-19 纯电动汽车典型驱动结构

除了动力电池外，纯电动汽车的高压部件大部分集中安装在前机舱，图 1-20 所示的是北汽新能源 EV200 纯电动汽车前机舱的高压部件。

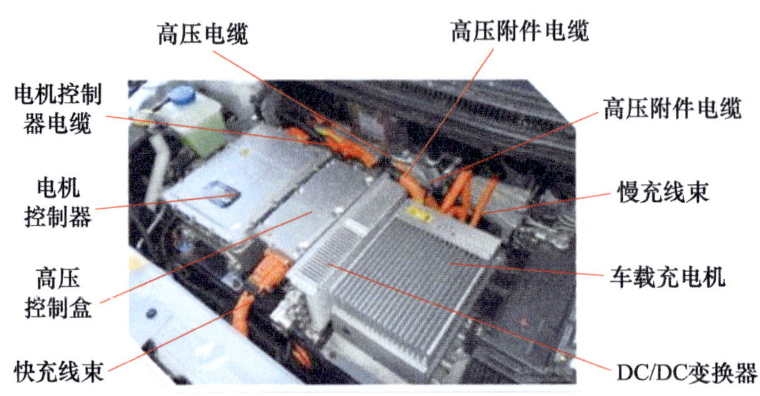


图 1-20 北汽新能源 EV200 纯电动汽车前机舱结构

随着纯电动汽车集成化技术的发展，目前大部分纯电动汽车把车载充电机、DC/DC 变换器、高压控制盒集成到一个模块（如北汽新能源的 PDU，图 1-21 中箭头指示的部件，附近是电机控制器），甚至把电机控制器也集成一体成为“四合一”的高压电控总成（如比亚迪 E5 的高压电控总成，见图 1-22）。

图 1-21 北汽新能源 PDU

图 1-22 比亚迪 E5 高压电控总成

3）因为驱动系统和运行模式的改变，部分辅助系统也相应地做了改变，例如，采用空调电动压缩机、暖风电加热器、电动真空制动助力系统、电动转向系统，以及需要外部电源进行能源补充（充电）等。

（2）纯电动汽车与传统汽车不同的结构

下面以比亚迪纯电动汽车为例介绍纯电动汽车与传统汽车结构组成的不同。

1）动力电池。是纯电动汽车唯一的动力源。动力电池包含电池能量管理系统 BMS，该系统在向全车提供电能的同时，还支持对动力电池的电量计算评估、安全监测、充放电控制、漏电监测以及电池的电量平衡。图 1-23 所示是比亚迪 E5 动力电池的内部结构。

图 1-23 比亚迪 E5 动力电池的内部结构

2）电机及变速驱动单元。电机及变速驱动单元是电动汽车的动力输出部分，内部主要包括电机和减速齿轮机构。如果是前驱的车辆，该系统部件通常安装在前机舱内。电机将电能转换为机械能来实现驱动车辆，带电机的变速驱动单元是新能源汽车，特别是纯电动汽车的关键部件。

典型纯电动汽车变速驱动单元的结构，在其内部可以看到一个用于驱动车辆的电机和连接电机转子的齿轮机构。此外，更明显的特征是驱动单元的上方还有连接逆变器（驱动电机控制器）的 3 根高压电缆。图 1-24 所示是比亚迪 E5 电机及变速单元结构。

图 1-24　比亚迪 E5 电机及变速单元结构

3）电机控制器（MCU）。电机控制器简称 MCU，作用是将动力电池的高压直流电变换成驱动电机的三相交流电（逆变器的功能），同时控制电机的运转转速和方向。图 1-25 所示是比亚迪 E6 位于前机舱右侧的电机控制器（比亚迪 E5 集成在高压电控总成内部）。

图 1-25　比亚迪 E6 电机控制器

4）DC/DC 变换器。传统汽车通过发动机带动发电机给 12V 蓄电池充电，为车载电器提供工作电源。纯电动汽车以及大部分混合动力汽车不再设计有发电机，动力电池的高压直流电通过 DC/DC 变换器转换为 12V 的低压直流电，为灯光、仪表、电动车窗等低压电器供电，同时为 12V 低压蓄电池充电。

图 1-26 所示是纯电动汽车 12V 电源系统的转换过程。

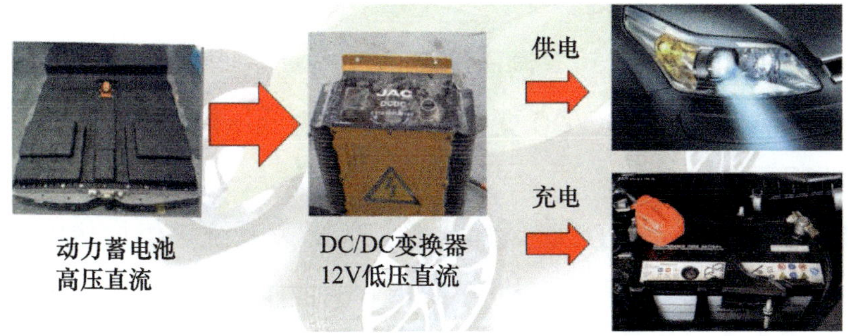


图 1-26　纯电动汽车 12V 电源系统的转换过程

DC/DC 变换器通常安装在前机舱内，有的车型（如比亚迪 E6）的 DC/DC 变换器集成了空调驱动器功能，通过接收空调控制器（空调面板）的信息来控制电动空调压缩机和暖风加热器。也有的车型（如比亚迪 E5、北汽新能源新款车型）将 DC/DC 变换器和其他高压部件，如车载充电机、驱动电机控制器集成为一体。

图 1-27 所示是比亚迪 E6 前机舱左侧的 DC/DC 变换器（与空调驱动器集成为一体）。

图 1-27　比亚迪 E6 DC/DC 变换器（集成空调驱动器）

5）高压控制盒（BDU）。高压控制盒也称高压配电箱或电能分配单元 BDU

（Battery Disconnecting Unit），布置在动力电池和电机控制器（逆变器）之间，将动力电池的高压直流电分配到各个高压部件。

BDU 是整车高压配电装置，主要作用是高压电源的分配、接通、断开。纯电动汽车在运行时，动力电池的电能主要去向有五个方向。

①动力电池→ BDU →电机控制器（逆变器）：为电机提供电能并接收制动能量回收电能。

②动力电池→ BDU →电动空调压缩机：为电动空调压缩机提供高压电能。

③动力电池→ BDU → DC/DC 变换器：为车辆低压电器提供电源和给 12V 蓄电池充电。

④动力电池→ BDU → PTC 暖风加热器：为暖风系统提供加热电能。

⑤外部 220V 电源→车载充电机→ BDU →动力电池：使用外部 220V 交流电源为动力电池充电。

BDU 内部主要是继电器和电路，由车辆动力系统控制模块根据点火开关或充电需求控制对应继电器的接通和断开。图 1-28 所示是比亚迪 E6 的 BDU。

a) 外形

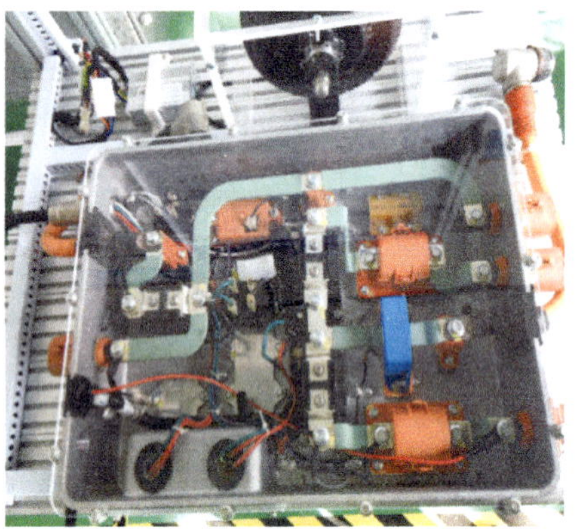

b) 内部结构

图 1-28 比亚迪 E6 BDU 外形和内部结构图

6）车载充电机（OBC）。车载充电机也称车载充电器，在慢充充电时，将外部 220V 交流电变换成高压直流电，为动力电池充电。

车载充电机可以单独安装，也可以与其他高压部件集成为一体。图 1-29 所示是比亚迪 E5 集成在高压电控总成内部的车载充电机。

纯电动汽车快充（直流）充电时电流不经过车载充电机，而是经快充充电口和 BDU 直接为动力电池充电。

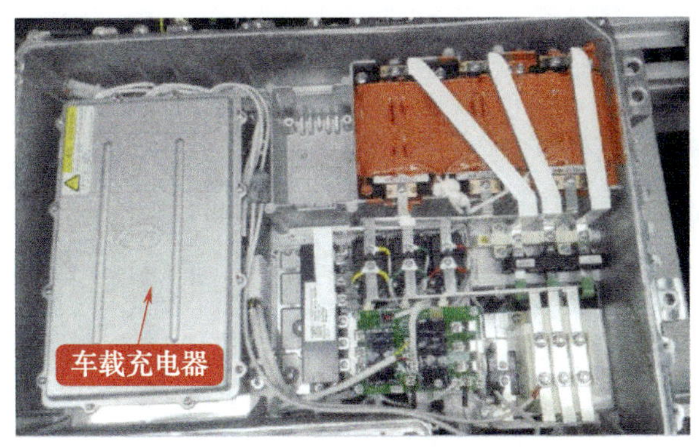

图 1-29 比亚迪 E5 集成在高压电控总成内部的车载充电机

7）空调电动压缩机和暖风电加热器。纯电动汽车和大部分混合动力汽车的空调采用电动方式（高电压）来驱动压缩机，这区别于传统汽车通过内燃机曲轴传动带驱动形式，但制冷原理与传统车辆相同。图 1-30 所示是比亚迪纯电动汽车的空调电动压缩机。

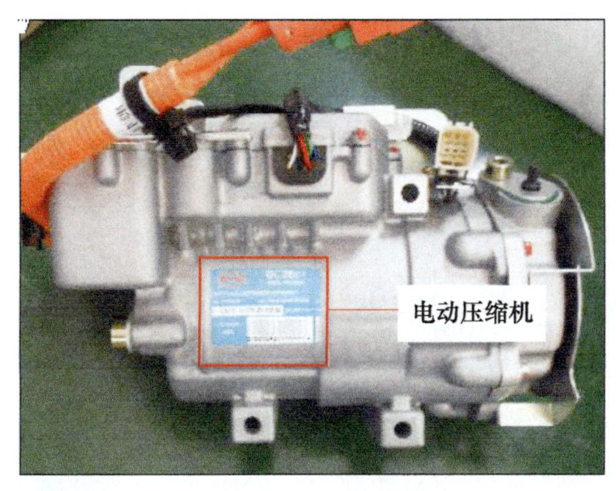

图 1-30 比亚迪纯电动汽车空调电动压缩机

在暖风实现的形式上，由于没有了内燃机 70℃以上热量来源，电机等其他高压部件产生的热能也达不到合适温度，因此纯电动汽车通常是利用电加热的方式来产生暖风。

暖风系统的电加热方式有两种：一种是直接通过高压电驱动 PTC（Positive Temperature Coefficient 的缩写，意思是正温度系数，温度越高电阻越大，泛指正温度系数很大的半导体材料或元器件）加热器来加热经过蒸发箱的空气提供暖风（如北汽新能源汽车，见图 1-31）；另一种是通过高压电加热类似传统汽车暖风系统中的冷却液，再经过循环为暖风热交换器提供热量（如比亚迪、荣威等

车型，见图 1-32）。

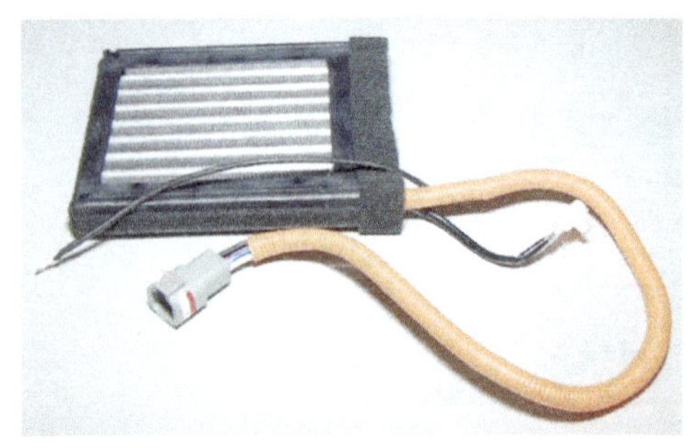

图 1-31　直接加热空气的暖风电加热器

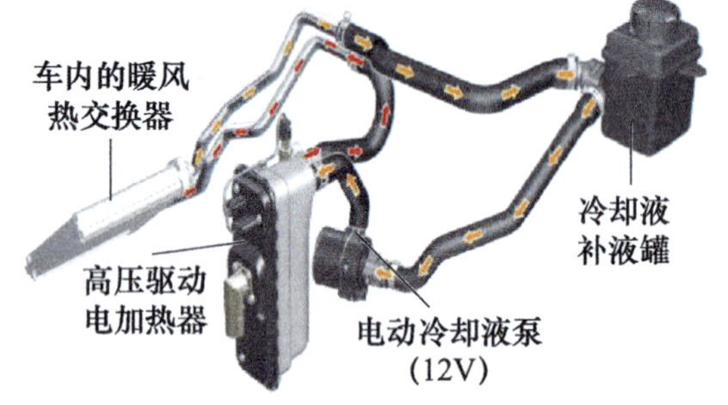


图 1-32　加热冷却液的暖风电加热器

8）充电口。纯电动汽车和插电式混合动力汽车都要通过充电口从外部电网充电获取能源。充电口也称充电接口或充电插口，是指用于连接活动的充电电缆（充电桩的充电枪）和电动汽车的充电部件。我国的国家标准 GB/T 20234.1—2015《电动汽车传导充电用连接装置》规定了交流（普通慢充）与直流（快充）接口的标准，交流接口采用的是 7 针的设计，直流接口采用的 9 针的设计。充电口通常位于前 / 后车标的后面，或车身侧面传统汽车燃油箱盖的位置。图 1-33 所示是安装在一起的快充和普通慢充充电口，图 1-34 所示是正在充电的比亚迪 E6。

图 1-33　快充和普通慢充充电口

图 1-34　正在充电的比亚迪 E6

需要说明的是，并非所有新能源车型都同时采用直流和交流两种充电接口，有些动力电池容量较低的车型如北汽 EC180 等，只配置交流慢充接口。插电式混合动力汽车通常也只配置交流慢充接口。

9）组合仪表。与传统汽车相比，纯电动汽车的组合仪表减少了各种指针，而用纯液晶显示屏代替，在显示的内容上面，有行车信息显示区域、车速表、续驶里程以及各种指示灯和警告灯等。仪表中间显示车速和行车信息，仪表的两侧，取消了发动机转数和燃油表指针，换成了电机功率和剩余电量（SOC）。图 1-35 所示是纯电动汽车的组合仪表。

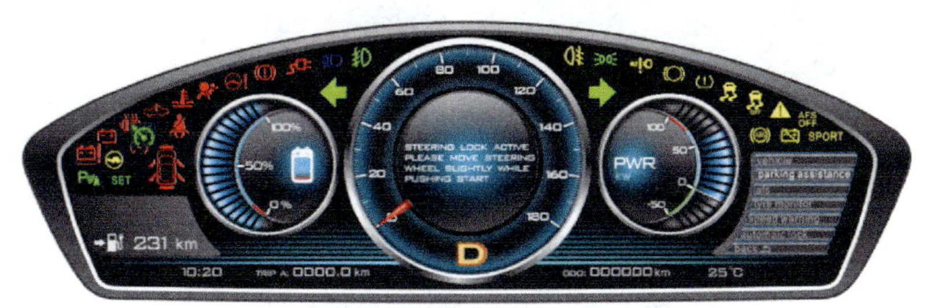


图 1-35　纯电动汽车的组合仪表

10）整车控制器（VCU）。整车控制器（VCU）也称整车控制单元或整车控制模块，通常安装在前机舱或车厢内。VCU 是全车动力系统的主控制模块，是实现整车控制决策的核心，类似于传统汽车动力系统控制模块 PCM 的功能。VCU 通过采集加速踏板、档位、制动踏板等信号来判断驾驶人的驾驶意图；通过监测车辆状态（车速、温度等）信息，由 VCU 判断处理后，向动力系统发送控制命令，同时控制车辆其他系统的运行模式。图 1-36 所示是比亚迪 E6 的整车控制器 VCU。

11）漏电传感器。漏电传感器主要用于监测动力电池与车身的漏电电流，如果高压系统发生漏电（绝缘电阻过低），动力电池管理系统 BMS 会切断高压电路。图 1-37 所示是比亚迪 E6 位于后排座椅下方的漏电传感器。

图 1-36　比亚迪 E6 整车控制器 VCU

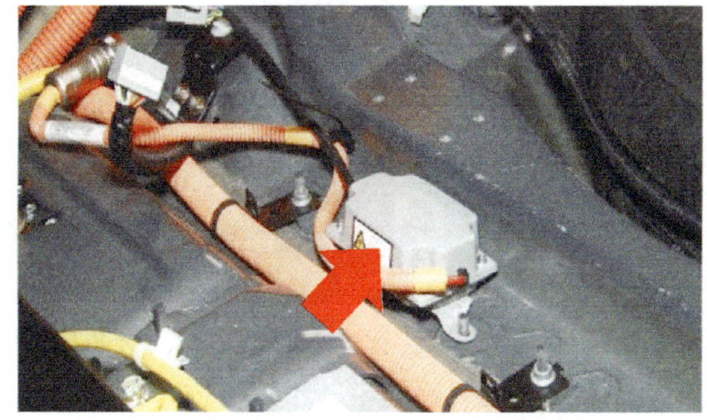

图 1-37　比亚迪 E6 漏电传感器

12）维修开关。维修开关是新能源（电动）汽车中一种常用的手动操作设备，用于直接断开车辆中的高压电，保证能安全对车辆进行维修检查工作。图 1-38 所示是比亚迪 E6 的维修开关。

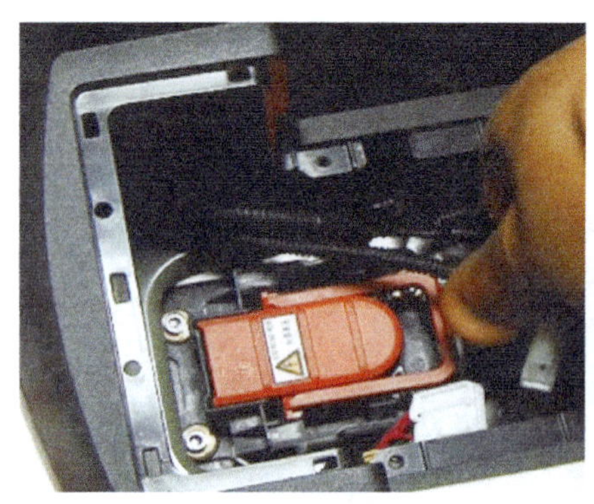

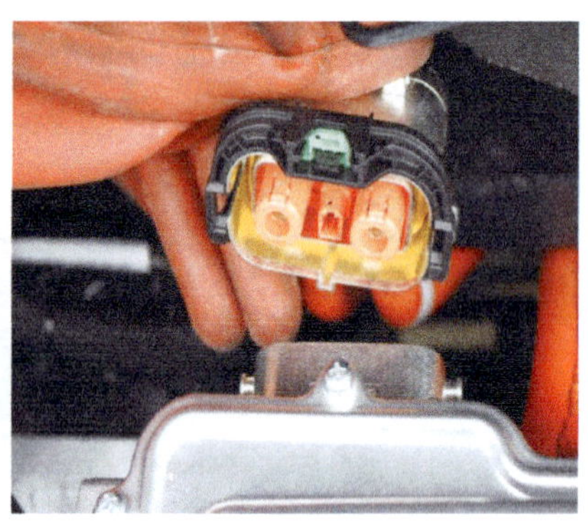

图 1-38　比亚迪 E6 维修开关

13）高压电缆。新能源汽车具有高电压，需要高压电缆（或称高压导线）向各高压部件输送高压电，连接高压部件之间的电缆都属于高压电缆，包括动力电池的高压电缆、电机控制器及其他高压附件电缆，也包括慢充和快充的高压线束。

高压电缆的外部绝缘层颜色采用标准的橙色。高压电缆及电缆之间的连接器需要满足国家高压电器安全标准，同时由于高压部件之间电流很大，所以采用的电缆直径都在 5mm 以上。图 1-39 所示是比亚迪高压控制盒 BDU 上的高压电缆及连接器。

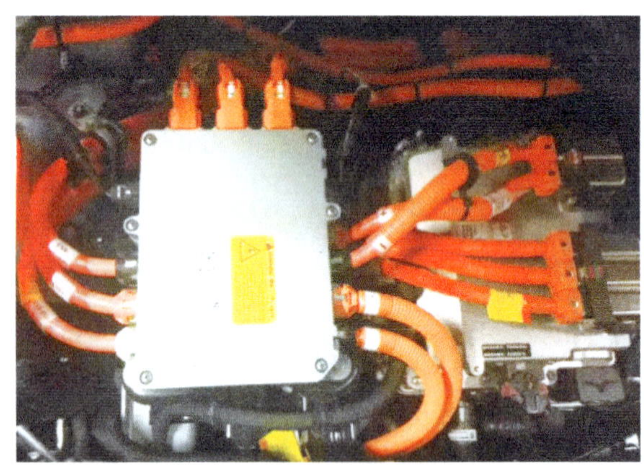

图 1-39　比亚迪高压电缆及连接器

高压电缆上设计有高压互锁回路（Hazardous Voltage Interlock Loop，简称 HVIL），是指通过使用低压信号来监控电动汽车上所有与高压母线（动力电池输出的主高压导线）相连的各分路，包括整个高压系统的高压电缆接插件（连接器）、保护盖等系统回路的电器连接完整性（连续性）。图 1-40 所示是带互锁端子的高压电缆接插件。

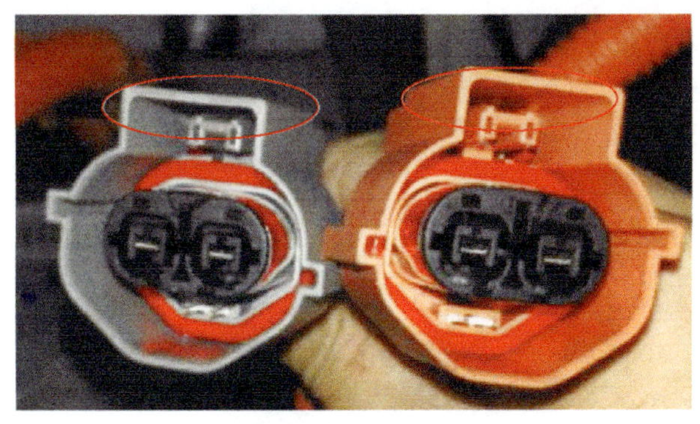

图 1-40 带互锁端子的高压电缆接插件

设计高压互锁的目的是，用来确认整个高压系统的完整性。当高压系统回路断开或者完整性受到破坏的时候，就需要启动安全措施。

14）电动真空制动助力系统。新能源汽车的液压制动系统与传统汽车基本组成结构区别不大，但是纯电动汽车液压制动的辅助助力不再有来自内燃机的真空源，混合动力汽车的内燃机也可能随时关闭。为保证行车制动安全，通常需要单独设计一个电动真空系统来为真空助力器提供真空源。图 1-41 所示是电动真空制动助力系统结构示意图。

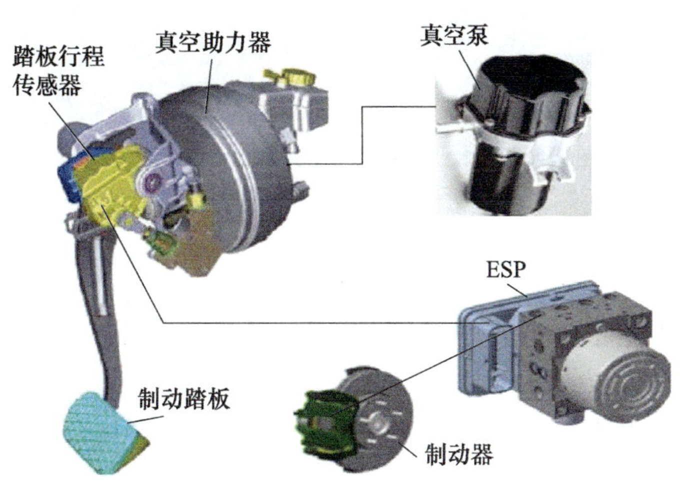


图 1-41 电动真空制动助力系统结构示意图

15）电动转向助力系统（REPS）。纯电动汽车不能通过内燃机驱动液压助力油泵的方式来实现液压助力，混合动力汽车的内燃机也可能会停止运转，失去转向助力，所以大多数新能源汽车采用电动助力转向系统，即在原机械转向系统基础上安装一台电动机，作为转向的辅助动力。转向系统电动机从车辆电源系统（通常是 42V）获取电能，无论内燃机是否运转，均能提供转向助力。

图 1-42 所示是电动转向机构结构示意图，图 1-43 所示是比亚迪电动转向系统 REPS 转向器实物图。

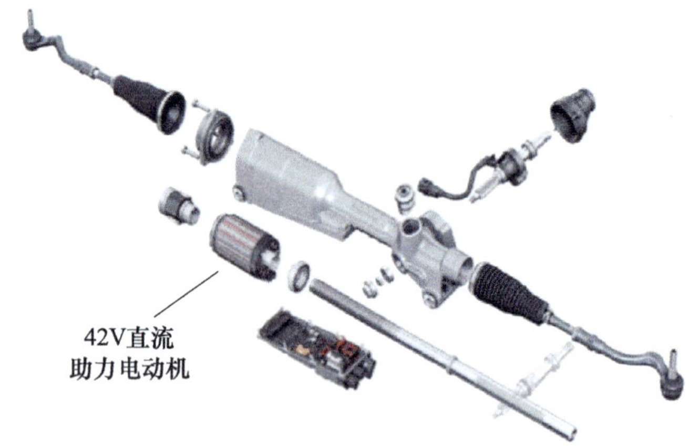


图 1-42　电动转向机构结构示意图

图 1-43　比亚迪电动转向系统 REPS 转向器

### 4. 混合动力汽车的保养计划和项目

下面以上汽荣威 ei6 为例，介绍混合动力汽车的保养计划和项目。

（1）保养目的

正确的车辆保养不仅有助于车辆的长久使用和正常行驶，还有利于环保。

（2）保养计划

混合动力汽车保养计划是依据试验运行工况而得出的最佳保养周期。在 3000km 或 3 个月内进行首次保养，更换机油和机油滤清器，检查动力电池组的均衡状态。以后根据国内的道路状况、行驶条件和燃油品质等因素综合考虑，进行常规保养计划或非常规保养计划保养。

混合动力汽车常规保养计划分为：保养（A 类）和保养（B 类）两种，并依此进行循环维护。混合动力汽车常规保养计划见表 1-1。

表 1-1 混合动力汽车常规保养计划

| 保养类型 | A | B | A | B | A | B | A | B |
|---|---|---|---|---|---|---|---|---|
| 行驶里程（x1000km）/ 月 | 10/6 | 20/12 | 30/18 | 40/24 | 50/30 | 60/36 | 70/42 | 80/48 |

注：千米数或者月数，以先到达者为准；车辆配备智能保养提醒功能，以车辆仪表提示的信息为准。

（3）常规保养一般项目

混合动力汽车常规保养一般项目见表 1-2。

表 1-2 混合动力汽车常规保养一般项目

| 序号 | 保养项目 | 服务类型 | |
|---|---|---|---|
| | | A | B |
| | 车辆内部和外部 | | |
| 1 | 检查驻车制动的功能，必要时进行系统自学习 | ● | ● |
| 2 | 检查车内外灯光、喇叭和系统警告显示功能 | ● | ● |
| 3 | 检查风窗玻璃表面、刮水器和风窗洗涤器的工作情况 | ● | ● |
| 4 | 检查安全带的状态和功能 | ● | ● |
| 5 | 检查空调各项控制功能 | ● | ● |
| 6 | 更换空调滤清器滤芯 | | ● |
| 7 | 检查电动座椅的状态和功能 | ● | ● |
| 8 | 检查发动机盖铰链、行李舱盖扭杆及铰链、车门铰链、限位器等的状况，必要时清理所有灰尘，重新加注润滑油脂 | ● | ● |
| | 发动机舱及行李舱 | | |
| 1 | 检查 12V 蓄电池的连接和状态 | ● | ● |
| 2 | 检查风窗洗涤液液位并视情况添加至标准液位 | ● | ● |
| 3 | 检查制动液、电驱动变速器油液液位并视情况添加至标准液位 | ● | ● |
| 4 | 检查冷却系统，如管路、散热器、冷却风扇等，必要时清洁相关表面 | ● | ● |
| 5 | 检查发动机、电驱动变速器、动力电池冷却液的液位和浓度，缺少时须及时补充至标准液位 | ● | ● |
| 6 | 检查发动机进气歧管的状态 | | ● |
| 7 | 检查辅助传动带的状态 | ● | ● |
| 8 | 检查空调系统状态，如压缩机，制冷管路，冷凝器等，必要时清洁相关表面 | ● | ● |
| 9 | 检查制动真空助力器和软管的状态 | ● | ● |
| 10 | 更换发动机空气滤清器滤芯 | | ● |
| 11 | 检查发动机安装支架 | | ● |
| 12 | 检查高 / 低压线束是否有干涉、磨损或破损情况 | ● | ● |

（续）

| 序号 | 保养项目 | 服务类型 | |
|---|---|---|---|
| | | A | B |
| | 车辆底部 | | |
| 1 | 更换发动机机油和机油滤清器 | ● | ● |
| 2 | 检查发动机、电驱动变速器是否有漏油情况 | ● | ● |
| 3 | 检查发动机排气系统、支架和隔热保护装置的状态及安全性 | ● | ● |
| 4 | 检查燃油管路的状态，是否有弯折或渗漏 | ● | ● |
| 5 | 检查蒸发排放系统，如管路、碳罐等 | | ● |
| 6 | 检查前后制动衬块、制动盘的状态和厚度，必要时更换 | ● | ● |
| 7 | 检查制动管路状态 | ● | ● |
| 8 | 检查车轮轴承、传动轴护套 | ● | ● |
| 9 | 检查悬架和转向系统是否有泄漏、磨损情况 | ● | ● |
| 10 | 检查轮胎花纹深度，查看是否有不正常磨损和损坏，视情况检查四轮定位数据，进行前后轮换位 | ● | ● |
| 11 | 检查轮胎气压，必要时进行调整 | ● | ● |
| 12 | 检查底盘和车身底部螺栓与螺母是否紧固或固定，必要时更换 | ● | ● |
| 13 | 检查冷却水管的卡扣安装的相应位置，确保可靠密封 | ● | ● |
| 14 | 检查动力电池组相关安装螺栓安装的标识是否发生移位，确保紧固 | ● | ● |
| 15 | 检查动力电池组外壳（包括托架）外观是否有裂纹及变形 | ● | ● |
| 16 | 检查高 / 低压线束是否有干涉、磨损或破损情况 | ● | ● |
| 17 | 检查动力电池组接插件外观、安装可靠性、损坏及安装的到位情况 | ● | ● |
| 18 | 用诊断仪检查动力电池组的均衡状态（BMS 平衡状态），必要时进行均衡充电 | ● | ● |
| | 维修保养后 | | |
| 1 | 使用诊断仪根据规定复位保养间隔指示器，对配备智能保养提醒功能的车辆，在娱乐主机中对保养间隔进行复位。读取并清除故障代码并检测控制系统工作状态 | ● | ● |
| 2 | 查询新的电控单元升级版本，如有新的版本及时升级 | ● | ● |
| 3 | 执行路试，检查发动机响应、电驱动变速器、制动、巡航和转向等系统的状态和功能 | ● | ● |

（4）常规保养特殊项目

1）辅助传动带：每隔 3 年或 100000km 更换（以先到达者为准）。

2）电驱动变速器油：每隔 80000km 更换。

3）制动液：每隔 2 年更换。

4）冷却液：每隔 3 年或 80000km 更换（以先到达者为准）。

5）燃油滤清器：每隔 8 年或 100000km 更换（以先到达者为准）。

6）燃油箱泄漏诊断单元空气滤清器：每隔 4 年或 80000km 更换（以先到达者为准）。

7）火花塞：每隔 40000km 更换。

8）燃油系统积炭清洗剂：建议每隔 5000~10000km 定期使用汽车生产厂家认可的燃油系统积碳清洗剂。

（5）非常规保养计划

1）车辆经常在以下恶劣条件下行驶，应执行非常规保养计划。

①大部分的单次行驶距离小于 8km。

②在交通拥堵的条件下，车辆长时间走走停停，长时间处于低速行驶状态。

③经常在 0 ℃以下的环境中行驶。

④经常在繁忙的城市交通条件下行驶，并且室外温度往往达到 30℃或者更高。

⑤经常急加速、急减速或高速行驶。

⑥在多尘或者多沙的环境中行驶。

⑦在丘陵或多山地形行驶。

⑧用于出租车、警车或运输车等特殊用途。

⑨经常在潮湿环境中停放或是经常涉水。

2）具体项目。

①如果车辆短途行驶，长时间怠速或者在多尘条件下行驶，应每行驶 5000km 更换发动机机油和机油滤清器。

②如果车辆在尘土飞扬或者多沙区域行驶，应每行驶 5000km 检查空气滤清器滤芯和空调滤清器滤芯，必要时更换。

③如果车辆主要在丘陵或山地中行驶，或者车辆经常在潮湿的气候环境中行驶，应每行驶 40000km 或每隔 1 年（以先到达者为准）更换制动液。

④如果制动器使用过于频繁（如在山区驾驶），制动盘和制动衬块应进行更加频繁的检查或更换。

⑤建议每行驶 10000km 或每隔 6 个月（以先到达者为准）检查燃油滤清器，并视情况更换。

### 5. 纯电动汽车的保养计划和项目

下面以比亚迪为例，介绍纯电动汽车的保养计划和项目。

（1）纯电动汽车新车首保

纯电动汽车应该按照生产厂家规定的里程数或使用时间到指定服务站进行全车首次维护（首保），主要进行全车油液检查、底盘机械检查、其他系统功能检查，以及更换减速器齿轮油。纯电动汽车的首保行驶里程规定通常是 3000km，使用时间规定通常是 3 个月，里程 / 时间以先到达者为准。

（2）纯电动汽车动力电池使用要求

纯电动汽车的动力电池需要在新车期间执行相应的维护操作，包括对动力电池的适度放电和充电，初期使用时应注意以下内容。

1）正确掌握充电时间。在动力电池使用过程中，应根据实际情况准确把握充电时间和充电频次。正常行驶时，如果电量表指示应充电，应停止运行，尽快充电，否则电池过度放电会严重缩短其寿命。充满电后运行时间较短就充电，充电时间不宜过长，否则会形成过度充电，使电池发热。过度充电、过度放电和充电不足都会缩短电池寿命。

2）坚持定期充电。即便是续驶里程要求不长，充一次电可以使用 2~3 天，但还是建议每天都充电，以便使电池处于浅循环状态，延长电池的寿命。长时间停放车辆时，应定期检查电池状态并充电，保持电量充足，避免电池自放电影响电池寿命和过度放电损坏电池。图 1-44 所示为比亚迪 E5 仪表的动力电池电量显示状态。

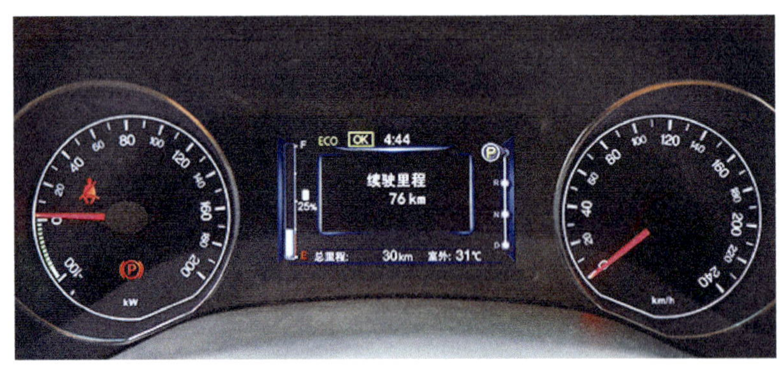


图 1-44　比亚迪 E5 仪表动力电池电量显示状态

（3）纯电动汽车的保养项目

为了确保车辆保持最佳的状态，纯电动汽车需要像传统汽车及混合动力汽车那样定期维护，例如，每年或 20000km 更换减速器油和空调滤芯；每两年或 40000km 更换防冻液和制动油；每次维护检查底盘、灯光、轮胎等常规部位。

由于纯电动汽车是靠电机驱动，所以不需要更换机油、机油滤芯、汽油滤芯、空气滤芯等运行材料，只需要对动力电池组和电机进行一些常规的检查，并保持其清洁即可，由此可见纯电动汽车的保养确实比传统汽车省事不少。

纯电动汽车与传统汽车一样，通常采用 A 级和 B 级两级保养计划，并根据不同等级做出相应的保养操作。纯电动汽车保养计划和项目见表 1-3，典型纯电动汽车（比亚迪为例）的保养项目及内容见表 1-4，涉及的操作要求与传统汽车、混合动力汽车基本一致。

**表 1-3 纯电动汽车的保养计划和项目**

| 保养类别 | 保养项目 | 累计行驶里程 /km | | | | | |
|---|---|---|---|---|---|---|---|
| | | 10000 | 20000 | 30000 | 40000 | 50000 | 以此类推 |
| A 级保养 | 全车保养 | √ | | √ | | √ | |
| B 级保养 | 高压、安全检查 | | √ | | √ | | √ |

**表 1-4 比亚迪纯电动汽车保养项目及内容**

| 保养项目及内容 | | | | | | | |
|---|---|---|---|---|---|---|---|
| 系统类别 | 检查内容 | 处理方法 | A 级保养 | | | B 级保养 | |
| | | | 项目 | 配件及材料 | 备注 | 项目 | 配件及材料 |
| 动力电池系统 | 安全防护 | 检查并视情况处理 | √ | | | √ | |
| | 绝缘 | 检查并视情况处理 | √ | | | √ | |
| | 接插件状态 | 检查并视情况处理 | √ | | | √ | |
| | 标识 | 检查并视情况处理 | √ | | | √ | |
| | 螺栓紧固力矩 | 检查并视情况处理 | √ | | | √ | |
| | 动力电池加热功能检查 | 检查并视情况处理 | √ | | | | |
| | 外部检查 | 清洁处理 | √ | | | | |
| | 数据采集 | 分析并视情处理 | √ | | | √ | |
| 电机系统 | 安全防护 | 检查并视情况处理 | √ | | | √ | |
| | 绝缘检查 | 检查并视情况处理 | √ | | | √ | |
| | 电机和控制器冷却检查 | 检查并视情况处理 | √ | | | √ | |
| | 外部检查 | 清洁处理 | √ | | | | |
| 电气电控系统 | 机舱及各部位低压线束防护及固定 | 检查并视情况处理 | √ | | | √ | |
| | 机舱及各部位插接件状态 | 检查并视情况处理 | √ | | | √ | |
| | 机舱及底盘高压线束防护及固定 | 检查并视情况处理 | √ | | | √ | |

（续）

| 保养项目及内容 | | | | | | | |
|---|---|---|---|---|---|---|---|
| 系统类别 | 检查内容 | 处理方法 | A 级保养 | | | B 级保养 | |
| | | | 项目 | 配件及材料 | 备注 | 项目 | 配件及材料 |
| 电气电控系统 | 机舱及底盘各高、低压电器固定及插接件连接状态 | 检查并视情况处理及清洁 | √ | | | √ | |
| | 蓄电池 | 检查电量状态，并视情况处理 | √ | | | √ | |
| | 灯光、信号 | 检查并视情况处理 | √ | | | √ | |
| | 充电口及高压线 | 检查并视情况处理 | √ | | | √ | |
| | 高压绝缘检测系统 | 检查并视情况处理 | √ | | | | |
| | 故障诊断系统报警检测 | 检测、检查并视情况处理 | √ | | | | |
| 制动系统 | 驻车制动器 | 检查效能并视情况处理 | √ | | | √ | |
| | 制动装置 | 泄漏检查 | √ | | | √ | |
| | 制动液 | 液位检查 | √ | 更换制动液 | | √ | 视情况添加制动液 |
| | 制动真空泵、控制器 | 检查（漏气）并视情况处理 | √ | | | √ | |
| | 前后制动摩擦片 | 检查并视情况更换 | √ | | | √ | |
| 转向系统 | 转向盘及转向管柱连接紧固状态 | 检查并视情况处理 | √ | | | √ | |
| | 转向机本体连接紧固状态 | 检查并视情况处理 | √ | | | √ | |
| | 检查转向拉杆间隙及防尘套 | 检查并视情况处理 | √ | | | √ | |
| | 检查转向助力功能 | 检查并视情况处理 | √ | | | √ | |
| 车身系统 | 风窗及洗涤器、刮水器 | 检查并视情况更换处理 | √ | 添加风窗洗涤剂 | | √ | 添加风窗洗涤剂 |
| | 天窗 | 检查并视情况处理 | √ | | | √ | |
| | 座椅及滑道 | 检查并视情况处理 | √ | 加注润滑脂 | | √ | 加注润滑脂 |
| | 门锁及铰链 | 检查并视情况处理 | √ | | | √ | |
| | 机舱铰链及锁扣 | 检查并视情况处理 | √ | | | √ | |
| | 后背门（厢）铰链及锁 | 检查并视情况处理 | √ | | | √ | |

（续）

| 保养项目及内容 | | | | | | | |
|---|---|---|---|---|---|---|---|
| 系统类别 | 检查内容 | 处理方法 | A 级保养 | | | B 级保养 | |
| | | | 项目 | 配件及材料 | 备注 | 项目 | 配件及材料 |
| 悬架及传动系统 | 变速器（减速器） | 检查减速器连接、紧固及渗透 | √ | 更换减速器齿轮油 | | | |
| | 传动轴 | 检查球笼间隙及护罩，并视情况处理 | √ | | | √ | |
| | 轮毂 | 检查、紧固，视情况处理 | √ | | | | |
| | 轮胎 | 检查胎压，并视情况处理 | √ | | | √ | |
| | 副车架几个悬置连接状态 | 检查紧固 | √ | | | | |
| | 前后减振器 | 检查渗漏情况并紧固，并视情况更换 | √ | | | | |
| | 机舱铰链及锁扣 | 检查并视情况处理 | √ | | | √ | |
| 冷却系统 | 冷却液液位及冰点 | 液位及冰点测试，视情况添加 | √ | 更换冷却液 | 冷却液 6L | √ | 冬季时检测冰点视情况添加 |
| | 冷却管路 | 检查渗漏情况并处理 | √ | | | √ | |
| | 水泵 | 检查渗漏情况并处理 | √ | | | √ | |
| | 散热器水箱 | 检查并清理 | √ | | | √ | |

## 6. 混合动力汽车保修政策

下面以上汽荣威 ei6 为例介绍混合动力汽车保修政策。

（1）整车保修期

上汽集团为新车提供 3 年或 10 万 km（两者以先到达者为准）的保修（包修）期，保修期从新车购买之日（以新车购车发票日期为准）及当时的行驶里程数开始计算。在保修期间零件的更换，不改变整车保修期，保修更换后的零部件质保期随整车保修期的结束而终止。

（2）主要总成保修期

上汽集团承诺为新能源汽车关键零部件中的动力电池组、驱动电机、电力电

子箱（PEB）、混动控制单元（HCU）提供8年或者15万km（两者以先到达者为准）的保修期。

（3）保修条件

1）整车保修条件为：车辆处于保修期内。

2）必须按照保养计划进行保养，包括必须进行的每个月至少一次的电池充电均衡操作。

3）出示有效的三包凭证。

（4）不属于新车保修的范围

1）因车辆存放不当造成的损坏或失效，及由此造成的车辆维修，例如动力电池放电、12V蓄电池放电、外部环境损坏车辆等。

2）保养件及三包凭证中列出的易损耗件，例如润滑油、机油和滤清器、制动衬片、灯泡、轮胎的正常磨损、12V蓄电池、刮水器片等。

3）不按规定的保养计划进行保养或不按《用户手册》要求使用合适的燃油、润滑剂和冷却液而引起的车辆损坏。

4）车辆因空中落物（化学物质、树汁、酸雨）、石子、冰雹、雷击、地震、水灾、风暴等引起的车辆损坏。

5）使用不符合上汽集团技术规范和质量标准或不适用本车的附件、零部件和车用油液及由此引起的车辆损坏。

6）碰撞、火灾、偷盗、车祸及交通事故、冰冻、破坏、暴乱、爆炸和外物的撞击或人为故意行为而引起的车辆损坏。

7）车辆使用或维护未按《用户手册》说明而引起的车辆损坏，例如操作失控、超载和赛车等。

8）对车辆的加装、改装和对车辆的更改部分（包括车身、底盘、动力系统、电气系统和其他系统等）及由此引起的车辆损坏。

9）车辆里程表不接或更改车辆里程表读数（不包括上汽新能源汽车授权售后服务中心对车辆实施保修而采取的修理、调整和更换里程表）的车辆。

（5）易损件质量保证

易损耗件质量保证期自新车购车之日（以新车购车发票日期为准）及当时的里程起计算（以先到达者为准），具体期限见表1-5。

表 1-5 易损耗件质量保证期

| 序号 | 名称 | 质量保证期 |
|---|---|---|
| 1 | 空气滤清器 | 3 个月 /10000km |
| 2 | 空调滤清器 | 3 个月 /10000km |
| 3 | 机油滤清器 | 3 个月 /5000km |
| 4 | 燃油滤清器 | 6 个月 /10000km |
| 5 | 火花塞 | 3 个月 /5000km |
| 6 | 制动衬片 | 6 个月 /10000km |
| 7 | 离合器片 | 6 个月 /10000km |
| 8 | 轮胎 | 6 个月 /10000km |
| 9 | 蓄电池 | 12 个月 /20000km |
| 10 | 遥控器电池 | 3 个月 /5000km |
| 11 | 灯泡 | 3 个月 /5000km |
| 12 | 刮水器片 | 3 个月 /5000km |

## 拓展知识 上汽新能源汽车“绿芯管家”的服务特色

上汽乘用车发布了其“芯动战略”，推出两大技术品牌——“NetBlue 蓝芯”和“NetGreen 绿芯”，分别专注于传统动力和新能源科技。“绿芯”是指新能源科技，也就是崇尚绿色环保。

（1）享受宅捷修（充）服务

服务上门（上门取车、上门送车、上门维保），网点到家，在质保期内，新能源汽车用户可以享受无限次宅捷修、宅捷充上门服务。

（2）享受双顾问服务

用户在进店维修保养时，上汽授权售后服务中心给每一位新能源汽车用户指定专属服务顾问，享受由专属服务顾问和技术顾问提供二对一的双顾问服务模式。同时还提供免预约、免等候的快速维修通道等服务。

（3）4 项差异化服务

1）提供修补漆终身保修承诺。联合国际著名的四大油漆品牌向使用本公司车辆的所有用户提供修补漆终身保修承诺，涵盖底漆、清漆以及各种工序中的涂料产品。

2）晨曦预约接车服务。推出 6：30—8：30 时间段的晨曦预约接车服务，着眼于上班族的切身利益而设计，给用户更多的灵活选择空间。

3）维修进度和质量承诺。推出维修进度和质量承诺，在维修等待中提供 1h 维

修进度告知服务。对半年内出现的与近期维修内容相同的返修车辆一律开通绿色通道，维修工时费优惠。

4）进店车辆进行12+8服务。上汽通过对每辆进店车辆实行12项常规检查[发动机机油检查、传动带张紧/磨损情况检查、冷却液（液量/浓度）检查、空气滤清器（污损程度）检查、制动/离合器液检查、转向助力液检查、刮水器擦拭效果及喷射角度检查、洗涤液量检查、车灯/喇叭检查、空调制冷效果检查、制动盘/片情况检查和轮胎气压检查等]、8项深化行驶/安全性检查（动力总成检查、底盘/悬架检查、转向系统检查、电气系统检查、车轮检查、制动系统检查、车辆整体状况检查和T5系统检查），及时发现车辆所存在的隐患，给出用户贴心建议，最大限度地使车辆处于良好的使用工况，提升车辆的安全系数及用户的驾乘舒适感受。

（4）六项服务承诺

1）维修进度承诺。对在售后服务中心等待维修的用户，提供每小时车辆维修状态告知服务，让客户及时了解车辆维修进度信息。

2）费用透明承诺。配件及常用维修项目价格公示，费用全透明，让客户明明白白为爱车保养维修付款。

3）来店免检承诺。对每辆进店车辆实行12项常规、8项深化行驶/安全性免费检查。及时发现车辆存在的隐患，给客户贴心建议，使车辆始终处于良好的使用工况。

4）旧件公示承诺。售后服务中心秉承让车辆维修保养透明公开的理念，提供旧件展示服务，让客户对维修保养眼见为实，对爱车了如指掌。

5）返修保证承诺。若出现与上次维修内容相同的返修，将为客户提供免费上门取车服务，并且维修工时费优惠。

6）修补漆质保承诺。每一辆荣威/MG都将享受修补漆终身质保承诺，这种品质保证将涵盖底漆、清漆以及各种工序中的涂料产品，为客户免去后顾之忧。

（5）宅捷修（充）上门维修、上门取（送）车

服务上门（上门取车、上门送车、上门维保）、网点到家。在质保期内，新能源车车主可以享受无限次宅捷修、宅捷充上门服务。

（6）售后人员工作时车辆检查维修执行双“八个一”标准

1）服务标准“八个一”。

一通电话服务到家：通过电话预约，即可获得上汽宅捷修服务。

一套车内保护用具：服务前，先在车内放置座椅套、转向盘套、排挡杆套、脚垫，全面保护车内清洁。

一次全车车况检测：资深技师对车辆进行全面检测，确保最佳车况。

一次免费油液添加：发动机机油、助力转向油、冷却液、风窗玻璃清洁液免费检查、添加。

一次免费车辆清洁：为车辆内部及发动机舱进行清洁、除尘、整理。

一张保养提醒卡：提醒客户下次车辆的保养时间和里程，并提供保养预约打折优惠。

一封感谢信：对客户选择上汽车辆宅捷修服务表示由衷感谢。

一条跟踪短信：服务完成后，短信跟进该次服务质量及后续车辆使用情况。

2）礼仪标准“八个一”。

一套标准工装：服务人员身着统一、整洁的宅捷修定制工装，含帽子、胸牌、手套。

一声问候：面带微笑，向客户送上一句问候语，语气礼貌、热情。

一张名片：简单的自我介绍，同时礼貌递上名片。

一瓶水：送上一瓶矿泉水，让客户稍作休息等待。

一块手帕：车辆养、修操作完成后，使用一块干净手帕擦拭四门外拉手及后视镜镜面，同时向客户展示保养维修成果。

一个交车包：将本次宅捷修服务的预检单、工单、交车检查卡、保养提醒卡、感谢信及车辆四季保养建议卡放置于定制的交车包内交给客户。

一声道别：与客户握手道别，并感谢客户选择上汽集团的产品使用宅捷修服务。

一切馈赠，绝不接受：不接受客户赠送的东西，如水、饮料、烟、饭、礼品等。

（7）“绿芯管家”服务顾问的工作职责

专属服务顾问和技术顾问同时服务于一位客户，既有分工，也有合作，发挥整体效能，提高工作效率。

1）专属服务顾问的工作职责。

①建立完整的客户档案，备注专属服务顾问姓名。

②客户的定期保养提醒。

③每一次客户进站接待工作。

④客户交车后 24h 跟踪关怀。

⑤与客户一对一添加手机微信。

⑥定期通过微信推送与车辆有关的信息及客户活动。

2）技术顾问的工作职责。

①检查车辆高压电部分是否存在问题。

②配合维修技师解决汽车技术问题。

### 7. 上汽新能源汽车“绿芯管家”服务流程

“绿芯管家”服务流程是新能源汽车售后服务工作的核心流程，通过服务流程，售后的各个岗位就可以有机地结合在一起，为客户服务。新能源汽车服务流程如图 1-45 所示。

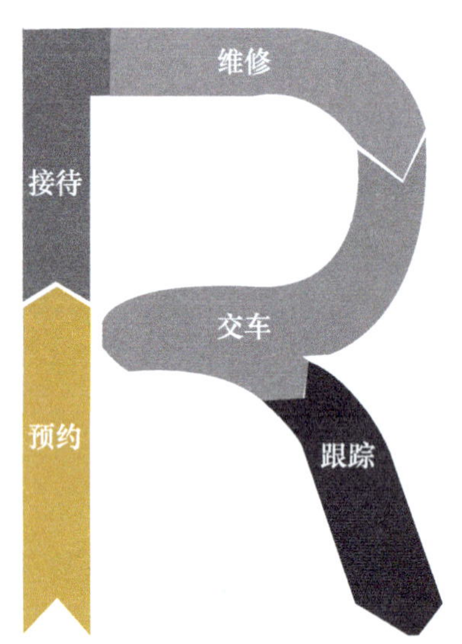


图 1-45　新能源汽车服务流程图

（1）预约

1）客服或专属服务顾问根据企业的客户资料和预约条件，选定客户群，进行客户答疑和服务预约，并由专属服务顾问进行预约安排。

2）接受客户的服务预约，填写预约登记表，并通知服务顾问（或接待员）进行预约作业安排。

3）客服人员或专属服务顾问确认客户预约，同时解答客户提出的服务疑问。

（2）接待

1）服务顾问友好地接待客户，如果是预约客户，优先予以安排。

2）对车辆进行环车检查，同时询问车辆使用情况，并填写接车预检单信息。

3）车辆的技术问题由技术顾问诊断，对需要通过路试方可确定的故障进行路试。

4）请客户在接车预检单上签字，确定待修项目。

5）预计维修作业时间，预估维修费用，制作维修工单。

6）向客户推荐服务项目，解释维修工单，无疑问时请客户签字确认。

7）安排好客户后，将车辆开到维修工位，并与维修技师交接车辆手续。

（3）维修

1）客户休息室服务人员根据客户习惯递上饮品。

2）登记客户待修信息，帮助客户关注车辆维修情况。

3）维修技师领取备件，进行维修作业。

4）维修技师发现新故障后，技术顾问为客户进行解释，客户确认后派工维修。

5）竣工后，对车辆进行质检，检验合格后安排洗车工进行车辆清洁。

6）服务接待进行终检，做好交车前的准备。

（4）交车

1）将车停到交车区，准备好维修旧件，以供客户确认。

2）向客户展示竣工后的车辆。

3）向客户解释维修项目，处理客户异议，提醒客户相关注意事项。

4）协助客户完成交款，并进行车辆交接。

5）目送客户离去。

（5）跟踪

1）由回访员或专属服务顾问整理客户资料，在规定时间对客户进行服务跟踪，了解客户车辆使用情况，解答客户疑问。

2）对需要返工维修的车辆，按照返修作业流程安排返修。

## 三、工作计划与决策

将全班同学分组，四人一组，根据上汽荣威 ei6（45T 混动互联智尊版）混

合动力汽车，制订并讨论决策认识车辆的工作计划，按表 1-6 内容认识车辆各部件；学习起动并操作车辆上的各种开关；了解车辆基本构造、工作原理、保修政策、保养项目和周期、服务特色及流程。

**表 1-6 荣威 ei6 各部件认识与操作**

| 项目 | 部件 | 位置 | 操作 |
|---|---|---|---|
| 车辆识别信息 | 车辆识别代号 | 风窗玻璃左下角的仪表板上，透过风窗玻璃左下角可以方便看到 | |
| | | 在车辆标牌上 | |
| | | 前排乘客座椅前部的地板上 | |
| | | 行李舱内侧，打开行李舱盖可以看到 | |
| | 发动机代号 | 印在发动机气缸体前部右侧 | |
| | 电驱动变速器代号 | 打印在电驱动变速器壳体的上表面 | |
| | 车辆标牌 | 位于右侧 A 柱中间 | |
| 高压系统 | 电驱动变速器 | 发动机舱内 | |
| | 电力电子箱 | 发动机舱内 | |
| | 电空调压缩机 | 发动机舱内 | |
| | 高压线束 | 发动机舱内，车辆底部，行李舱内 | |
| | 充电口 | 车右后部 | |
| | 高压电池包 | 车辆内后部 | |
| | 手动维修开关 | 行李舱内 | |
| | 车载充电器 | 行李舱内 | |
| 仪表和控制 | 电动车窗开关 | 车内 | |
| | 灯光拨杆开关 | | |
| | 喇叭按钮 | | |
| | 驾驶人安全气囊 | | |
| | 组合仪表 | | |
| | 刮水器拨杆开关 | | |
| | 点火开关 | | |
| | 车载娱乐系统 | | |
| | 娱乐、空调控制开关 | | |
| | 前排乘客安全气囊 | | |
| | 电量管理模式选择开关 | | |
| | 能量回收模式选择开关 | | |
| | 换档旋钮 | | |
| | 驾驶模式选择开关 | | |

（续）

| 项目 | 部件 | 位置 | 操作 |
|---|---|---|---|
| 仪表和控制 | 加速踏板 | 车内 | |
| | 制动踏板 | | |
| | 燃油加油口小门释放开关 | | |
| | 发动机舱盖释放手柄 | | |
| | 巡航拨杆开关 | | |
| | 外后视镜和主灯光高度调节开关 | | |
| 空调和娱乐 | 侧出风口 | 车内 | |
| | 前风窗出风口 | | |
| | 前中央出风口 | | |
| | 前座脚部出风口 | | |
| | 前车窗出风口 | | |
| | 后中央出风口 | | |
| | 收音机 | | |
| | 娱乐播放机 | | |
| | 蓝牙设备 | | |
| 座椅和保护装置 | 前排座椅 | 车内 | |
| | 后排座椅 | | |
| | 安全带 | | |
| | 正面安全气囊 | | |
| | 侧面安全气囊 | | |
| | 侧面安全气帘 | | |
| 起动和驾驶 | 钥匙 | 车内 | |
| | 儿童保护锁 | | |
| | 防盗系统 | | |
| | 起动和关闭动力系统 | | |
| | 行人警示系统 | | |
| | 经济环保的驾驶方式 | | |
| | 催化转换器 | | |
| | 燃油系统 | | |
| | 混合动力系统 | | |
| | 电驱动变速器 | | |
| | 制动系统 | | |
| | 动态稳定控制系统 | | |

（续）

| 项目 | 部件 | 位置 | 操作 |
|---|---|---|---|
| 起动和驾驶 | 牵引力控制系统 | 车内 | |
| | 巡航控制系统 | | |
| | 自适应巡航控制系统 | | |
| | 主动限速系统 | | |
| | 泊车辅助系统 | | |
| | 驾驶辅助系统 | | |
| | 轮胎气压监测系统 | | |
| | 装载 | | |
| 行驶途中故障 | 危险警告装置 | | |
| | 跨接起动 | | |
| | 牵引和托运 | | |
| | 轮胎修补 | | |
| | 更换熔体丝 | | |
| | 更换灯泡 | | |

## 四、任务实施

在教师的指导下完成下述工作计划。

1）完成表 1-6 中内容。

2）各组学生互相监督说出荣威 ei6 保修政策、保养周期和项目。

3）各组学生互相监督说出上汽新能源汽车服务特色及流程。

## 五、评价反思

（1）学习活动过程评价

见表 1-7。

表 1-7　学习活动过程评价表

| 班级 | | 组名 | | 日期 | 年　月　日 | | |
|---|---|---|---|---|---|---|---|
| 组员 | | | | | | | |
| 序号 | 评价要点 | 配分 | 得分 | | | | |
| | | | 组员 1 | 组员 2 | 组员 3 | 组员 4 | |
| 1 | 车辆识别信息 | 10 | | | | | |
| 2 | 高压系统 | 10 | | | | | |
| 3 | 仪表和控制 | 10 | | | | | |

（续）

| 班级 | | 组名 | | 日期 | 年 月 日 | | |
|---|---|---|---|---|---|---|---|
| 组员 | | | | | | | |
| 序号 | 评价要点 | 配分 | 得分 | | | | |
| | | | 组员 1 | 组员 2 | 组员 3 | 组员 4 | |
| 4 | 空调和娱乐 | 10 | | | | | |
| 5 | 座椅和保护装置 | 10 | | | | | |
| 6 | 起动和驾驶 | 10 | | | | | |
| 7 | 行驶途中故障 | 10 | | | | | |
| 8 | 荣威 ei6 保修政策 | 10 | | | | | |
| 9 | 荣威 ei6 保养周期和项目 | 10 | | | | | |
| 10 | 上汽新能源汽车服务特色及流程 | 10 | | | | | |
| 总分 | | 100 | | | | | |
| 小结建议 | | | | | | | |

A □（90 ~ 100）B □（70 ~ 89） C □（60 ~ 69）D □（60 以下）

（2）综合评价

见表 1-8。

**表 1-8 综合评价表**

| 评价项目 | 评价内容 | | | | 自我评价 | 小组评价 | 教师评价 |
|---|---|---|---|---|---|---|---|
| | A | B | C | D | | | |
| 工作态度 | 严谨专注，尽全力克服困难，敢于承担责任，努力改进方法 | 努力克服困难，遇到困难，积极听取各方意见，乐于尝试新方法 | 依据指令，规范操作，能够按要求完成任务，偶有拖延 | 遇到困难时有抱怨，被动完成任务 | | | |
| 学习能力 | 成长意识强，信息捕捉能力强，并能快速转化为能力 | 重视自我完善，信息捕捉能力较强，努力汲取新知识，具备一定的转化能力 | 愿意接受新信息，新知识，重视积累，具备初步的转化能力 | 在他人帮助下，能够学习新的知识，有转化能力 | | | |
| 自控能力 | 严格遵守学习纪律，严守任务时间，能够调节队友情绪，协调队友观点 | 遵守纪律，按时完成任务，能够控制情绪，积极采纳队友观点 | 有时间观念，服从教师、组长管理，愿意倾听队友意见 | 有迟到早退现象，有违反学习纪律现象 | | | |

（续）

| 评价项目 | 评价内容 | | | | 自我评价 | 小组评价 | 教师评价 |
|---|---|---|---|---|---|---|---|
| | A | B | C | D | | | |
| 沟通能力 | 乐于倾听，感情传达准确，观点能够得到队友认可 | 愿意倾听，表达流畅，能够接纳不同观点 | 理解队友，并能够明确地阐述自己的想法 | 能够理解队友的想法 | | | |
| 合作能力 | 理解服从的意义，迅速调整自我情绪，主动推动项目完成 | 服从团队管理，分担团队重要任务 | 尽力服从管理，分担团队基础任务 | 愿意完成自身任务 | | | |
| 5S标准 | 按照5S标准进行操作，使用工具正确规范，顺利完成任务 | | | | | | |
| 安全操作 | 严格遵守操作规范，不发生安全事故 | | | | | | |
| 学生自评 | 1. 本人分担的学习任务：<br>完成情况：<br>2. 本人在本次学习中，解决的问题有：<br>仍未解决的问题有： | | | | | | |
| 教师点评 | 1. 表扬的小组是第　组，理由是：<br>2. 对本小组的评价是：<br>3. 表扬的个人有：<br>理由是： | | | | | | |

## 六、巩固与练习

### 1. 单选题

（1）荣威 ei6 车辆以下哪种易损耗件质量保证期在 3 个月或 10000km？（　　）

A. 空气滤清器　　B. 燃油滤清器

C. 机油滤清器　　D. 火花塞

（2）荣威 ei6 车辆的蓄电池质量保证期是（　　）。

A. 3 个月 /10000km　　B. 6 个月 /10000km

C. 12 个月 /20000km　　D. 12 个月 /10000km

（3）在荣威 ei6 车辆组合仪表上，当电量过低时，动力电池电量低警告灯点亮为（　　）色，当燃油箱中油量过低时，油量过低警告灯点亮为（　　）色，并伴有警告声。

A. 黄，黄　　B. 红，红

C. 红，黄　　D. 绿，红

（4）荣威 ei6 车辆仪表显示的瞬时油耗表示最近（　　）km 的油耗曲线。

A. 5　　B. 20　　C. 50　　D. 100

（5）图标显示车辆的（　　）。

A. 本次行驶的平均油耗　　B. 本次行驶的时间

C. 本次行驶的平均车速　　D. 本次行驶的里程

（6）荣威 ei6 车辆出现的图标时，说明（　　）。

A. 发动机冷却液温度过低　　B. 制动系统故障

C. 电动助力转向系统故障　　D. 发动机冷却液温度过高

（7）荣威 ei6 车辆，图标表示（　　）开启。

A. 自动近光灯　　B. 自动远光灯

C. 远光灯　　D. 后雾灯

（8）荣威 ei6 车辆，图标表示（　　）开启。

A. 巡航控制系统　　B. 主动限速系统

C. 安全气囊系统　　D. 防抱死系统

（9）荣威 ei6 车辆，图标表示（　　）开启。

A. 电动助力转向系统　　B. 油量过低警告系统

C. 电子驻车制动　　D. 车道偏离报警系统

（10）荣威 ei6 车辆前行时，在近光灯打开的情况下，打开转向灯或者转向盘转角超过（　　）度，系统自动点亮对应的单侧弯道照明灯。关闭转向灯，或者转向盘转角小于（　　）度，系统将退出弯道照明模式。

A. 30，10　　B. 10，30

C. 45，30　　D. 30，45

（11）荣威 ei6 车辆前行时，按（　　）开关键，空调系统请求起动制冷，同

时按键上指示灯点亮。

A. AC　　B.

C.　　D.

（12）汽车理想的座椅位置应该是确保驾驶姿势舒适，当座椅靠背向后与竖直方向约成（　　）度时，安全带的效果最好。

A. 30　　B. 10

C. 30　　D. 25

## 2. 填空题

（1）新能源车辆正确保养的目的不仅有助于车辆的长久使用和正常行驶，还有利于（　　）。

（2）荣威 ei6 车辆必须在（　　）km 或（　　）个月内进行首次保养，更换（　　）和（　　），检查（　　）的均衡状态，以后根据（　　）等因素综合考虑，进行常规保养计划或非常规保养计划保养。

（3）荣威 ei6 车辆特殊保养项目中辅助传动带：每隔（　　）年或行驶（　　）km 更换（　　）；电驱动变速器油：行驶（　　）km 更换；制动液：每隔（　　）年更换；冷却液：每隔（　　）年或行驶（　　）km 更换（以先到达者为准）；燃油滤清器：每隔（　　）年或行驶（　　）km 更换（以先到达者为准）；火花塞：行驶（　　）km 更换。如果车辆主要在丘陵或山地中行驶，或者车辆经常在潮湿的气候环境中行驶，应行驶（　　）km 或每隔（　　）年（以先到者为准）更换制动液。

（4）常规保养计划分为（　　）类保养和（　　）类保养两种，并依次进行循环维护。

（5）新能源车型的 VIN 码整体上和传统车型相似，由（　　）位数字或字母组成，其中第四位为新能源种类代码：数字（　　）代表汽油混合动力汽车，数字“3”代表（　　）。第 10 位代表车辆生产年份：2019 年生产的汽车用（　　）表示。

（6）荣威 ei6 车辆的动力电池组属于第（　　）类危险品，必须由具备第（　　）类危险品运输资质的车辆运输。

（7）荣威 ei6 车辆带有（　　）色标签的部件都是高压系统部件，高压系统中有（　　）和（　　）两种高压电，可高达（　　）V 左右，非常危险，可能造成烧伤、触电甚至死亡等严重伤害。

（8）当荣威 ei6 车辆浸没在水中时，关闭（　　）并及时逃离车辆。在托运被打捞出来的车辆之前应将（　　）断开。如果打捞时无（　　），则可以进行打捞作业。

（9）荣威 ei6 车辆出现事故后，在救援人员到场的情况下，应出示（　　）给救援人员。

（10）荣威 ei6 车辆功率表显示动力系统功率百分比，起始蓝色段表示动力系统将部分的（　　）能转化为（　　）能；（　　）段表示整车行驶在经济性功率输出段；黄色段表示整车行驶在（　　）输出段。

（11）荣威 ei6 车辆仪表上显示（　　）表示车辆动力系统准备就绪，可以驾驶。POWER OFF 表示车辆处于（　　）状态。

（12）车辆配有安全气囊的相应位置，贴有（　　）字样的安全气囊的警告标签。一般两个正面安全气囊分别安装在（　　），前排侧面安全气囊安装在（　　），侧面安全气帘安装在（　　）。

## 3. 多选题

（1）荣威 ei6 车辆识别代号（　　）在车的哪个位置可以看到？（　　）

A. 风窗玻璃左下角的仪表板上，透过风窗玻璃左下角可以看到

B. 在车辆标牌上

C. 前排乘客座椅前部的地板上

D. 行李舱盖内侧，打开行李舱盖可以看到

（2）车辆标牌包含以下哪些信息？（　　）

A. 生产厂名、品牌、车辆识别代号

B. 发动机型号、排量、最大净功率

C. 乘坐人数、最大允许总质量

D. 制造年月、制造国家

（3）荣威 ei6 车辆，要启用智能远光灯系统，需要同时满足（　　）条件。

A. 灯光拨杆开关位于 AUTO 位置

B. 近光灯自动开启

C. 车速超过 40 km/h

D. 周围环境足够明亮

（4）为了提高荣威 ei6 车辆的长期运行性能，在第一个 1500km，尽量遵循（　　）建议。

A. 发动机转速不超过 3000r/min

B. 车速不超过 120km/h

C. 避免急加速或使发动机处于高负荷状态工作

D. 不定速行驶

（5）车辆四轮定位不正确，可导致（　　）。

A. 轮胎过快磨损　　B. 增加发动机负荷

C. 增加燃油消耗　　D. 车辆跑偏

（6）使用燃油系统积碳清洗剂对汽车的好处有（　　）。

A. 改善汽车驾驶性能　　B. 提高汽油清净能力

C. 清除喷油嘴沉积物　　D. 防止发动机内部积碳

# 任务二 新能源汽车服务流程——预约

## 学习情境

新能源汽车服务流程——预约 1

新能源汽车服务流程——预约 2

2022 年 5 月刘女士购买了一辆上汽荣威 ei6（45T 混动互联智尊版）乘用车，半年前做过 10000km 的保养，作为刘女士的专属服务顾问李新一直关注着刘女士使用爱车的动态，了解到刘女士的爱车行驶里程近 20000km。今天，李新电话预约刘女士前来商讨保养的事宜。

学生进行情景演练，体会预约服务流程环节。

## 任务分析

预约服务是提升汽车售后服务效率与质量的关键环节，预约率是企业考核服务顾问能力的一项重要指标，企业通过一定的预约率保证了生产的有序安排及资源的合理利用，同时也降低了客户的保养维修等待时间。要做好服务预约，服务顾问必须具备预约服务流程环节的各项知识和技能。

## 学习目标

**★知识目标**

1）能描述预约服务的目的。

2）能描述预约服务的方式和类型。

3）能描述预约服务的工作流程。

**★技能目标**

1）会通过多种渠道收集客户信息，建立和完善信息档案。

2）会按照电话预约工作流程与用户进行有效的预约。

3）会按照企业的预约保养维修工作流程完成用户预约。

**★素养目标**

1）培养学生服务意识与沟通能力。

2）培养学生信息收集的能力。

## 学习任务

与用户进行服务预约。

## 一、学习准备

场地准备：模拟上汽集团4S店客服中心。

资料准备：学习资源，学习活动过程评价表。

学生准备：学生分组，角色扮演。

## 二、信息收集

### 1. 预约服务的目的

预约是指客户与服务企业（服务中心）进行约定，双方在约定的时间内，进行一定项目的维修保养，服务企业承诺在规定时间内将维修保养车辆交付客户。服务接待预约活动的开展，依赖于企业和客户双方的互信关系。要了解为什么要进行预约作业，要从客户和服务企业两个角度来看待。

（1）预约环节客户的期望

客户在维修服务过程中，所承担的成本有货币、时间、行为和心理等，客户总是在设法降低自己的成本。因此，在上汽乘用车售后服务中心维修车辆时，客户更期望服务企业能够提供方便、快捷和高效的服务。就预约而言，客户期望得到的好处是：

1）能迅速确定维修预约项目、费用及所需时间。

2）预约应安排在对客户更方便的日期和时间，并减少客户的等待时间。

3）预约时效要有保证，能在承诺的时间内完成。

（2）预约环节服务企业的期望

企业总是在关注收益的前提下，考虑开展预约活动。对于服务企业而言，收益率达到最大化，提高企业的盈利是追求的目标。由此可见，预约环节服务企业期望得到的好处是：

1）通过客户预约，提高工位利用率及工作效率。

2）通过预约活动，提高维修服务工作的计划性和规范性，达到提高服务水平的目的。

3）通过预约活动，达到降低维修服务的生产成本，提高企业服务收益率的目的。

正是因为预约对双方都有益处，使得预约服务成为服务企业是否成熟的标志性活动之一。预约率的高低，直接反映该企业的服务能力。预约服务的开展，服务顾问的作用十分关键。服务顾问通过对企业和客户双方利益的准确把握，进行良好的沟通和协调，从而使企业与客户双方利益最优化成为可能。

### 2. 预约服务的方式

预约是通过双方的提前约定来实现的。根据预约服务的方式不同，可以把预约分为以下 5 种。

1）电话预约：客户直接拨打服务企业（服务中心）的预约电话。

2）提醒预约：服务人员拨打客户电话提醒为车辆保养维修，和客户商定服务时间。

3）服务顾问预约：客户在每次保养维修之后与服务顾问预约下一次的服务时间。

4）到店预约：客户到店为保养维修的车辆预约。

5）其他预约：如微信、短信等沟通方式。

### 3. 预约服务的类型

根据预约类型的不同，可以把预约分为 3 类。

（1）主动预约

由专属服务顾问执行定期保养提醒，根据客户预留的档案，主动给客户打电话，提醒客户来店保养车辆。此类服务为企业主动邀约客户，因此称为主动预约服务。主动预约服务的对象主要包括：

1）根据企业 DMS 所掌握的信息资料，近期内需要保养的客户。

2）因厂家质量问题需要召回维修的车辆客户。

3）预约配件到货后通知维修的车辆客户。

4）存在疑难故障，需要进一步观察再行维修的车辆客户。

（2）被动预约

客户在使用车辆的过程中感觉车子有故障问题或者客户有较高的保养车辆意识，能够按照维修保养手册的要求主动向服务企业进行预约，此类服务为客户主动联系企业，因此称为被动预约，被动预约的对象主要包括：

1）需要进行紧急救援的客户。

2）有预约意识的客户。

3）因维修质量问题需要返工的客户。

（3）网上预约

客户通过服务企业的服务网站，进行在线预约维修服务。网上预约的对象主要包括：

1）企业会员，对企业较忠实的客户。

2）信息来源渠道较广泛的客户。

### 4. 预约服务的工作流程

预约服务环节（预约作业）能否得到有效的实施，涉及多个层面的问题，有赖于企业预约系统的建立和完善。这需要企业在计划、预约、预计、预告 4 个环节上下功夫。从服务顾问的角度而言，需要根据预约服务环节的流程实施。预约服务的工作流程图如图 2-1 所示。

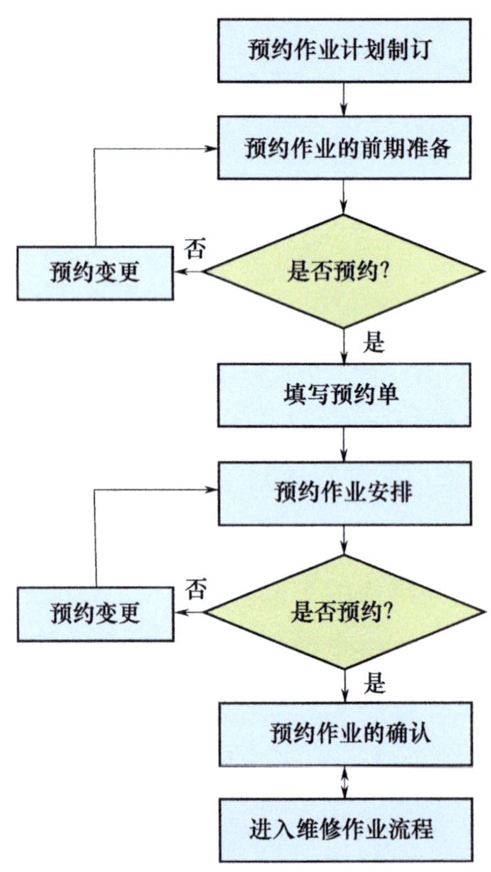


图 2-1　预约服务的工作流程

（1）预约服务计划的制订

预约服务本身就是企业计划生产、充分挖掘企业潜能的一种作业安排形式，因此预约计划的制订和实施也成为预约服务能否有效运行的关键组成部分。服务顾问要做好这一环节的工作，主要有两项任务。

1）收集客户信息资料。预约活动的开展有赖于健全的客户资料。首先，专属服务顾问在日常的工作活动中要注意客户资料的收集和完善，确保客户信息的准确性，仅仅有简单联系方式和维修记录的客户资料并不能很好地反应客户的情况。有效的客户信息资料应该包括客户的消费特征、人际风格、个人偏好、车况信息等。只有记录了上述的信息，才能使服务顾问有效地进行客户预约。其次，专属服务顾问一定要在预约之前再次确认客户资料，以确保与客户沟通的有效性。

2）选择预约时段。对服务企业而言，合理预约客户并不是一件容易的事。如果企业在管理过程中，仅是在某一时段进行预约，就会发生很多出乎意料的事情。如预约客户突然爽约、设备出现故障、预约当日来店车辆台次超过预期、维修技师请假等，都会给预约服务带来很大变数，影响其顺利执行。服务顾问要注意灵活掌握工作计划，切实地考量整个维修车间的工作能力和场地容量，才能开展有效的预约活动。

（2）预约服务的前期准备

服务企业的专属服务顾问首先与客户接触，相对而言也最了解客户，因此专属服务顾问是进行预约服务的最佳人选。专属服务顾问在预约服务之前的准备工作主要包括：

1）使用 DMS 系统筛选需做预约提醒的目标客户。

2）利用 DMS 系统对预约客户历史维修情况进行了解。

3）熟悉常用工时及配件价格。

4）预约登记表、预约排班表、预约看板的准备。

5）相关办公用品的准备。

6）安静的电话场所及良好的个人状态。

7）预约通道、工位的准备。

（3）客户是否接受预约

是否接受预约是由客户来决定的。专属服务顾问在预约作业中只能引导客

户，不能一厢情愿确定客户的预约时段，以免适得其反。

1）预约时机的选择。专属服务顾问拨打预约电话的黄金时段为上午 8：30—10：00，下午 14：00—17：00。预约电话的时间最好安排在这一时段，其他时段则可能与客户其他的活动相冲突。

2）专属服务顾问拨打电话。专属服务顾问要尊重客户的意见。如果客户同意预约，则填写预约登记表，安排预约；如果客户不方便预约，则应和客户约定时间再进行联系，然后记录预约时间，填入客户资料，以备下次预约时参考。

3）确定预约内容。

①自我介绍，确认客户姓名并主动告知来电目的及所需时间。

②确认客户车辆信息（车牌、电话、里程数等相关信息）。

③倾听并将客户的反馈登记在预约登记表上。

④确认具体维修项目、进厂时间并初步报价。

⑤查询工位及配件库存情况。

⑥总结，对客户进厂时间、项目的再次确认。

⑦确认有无其他需求，并提醒携带相关资料。

⑧对客户表示感谢、告别。

如果是客户来电，则专属服务顾问应详细记录客户姓名、联系方式、预约事项及预计来店时间，填写预约单，进行作业安排。

4）现场预约。客户现场预约维修项目如为不常用的高价值备件，专属服务顾问应根据规定，预收客户押金。

（4）填写预约单

专属服务顾问打过预约电话后，要进行内部预约确认，填写制作预约登记表、预约排班表，并打印预约工单。

（5）预约服务安排

专属服务顾问在预约日期的前一天，要进行预约确认，并安排预约服务，登记预约看板。

1）维修预约服务确认。在客户预约日期的前一天下午，专属服务顾问要与客户联系，确认客户次日是否来店。如果客户来店，专属服务顾问将预约登记表交给库管员、车间主管各一份，并做好接待准备；如果客户不能来店，则与客户约定再次预约的时间，并登记到待预约客户名单中。

2）预约看板登记。企业应该在三个位置设置预约看板，依次为服务前台、库房与车间。三个看板作用不同：前台看板是向客户传递服务意识，使预约客户产生被重视的感觉；库房看板是提醒库管员注意库存，防止出现预约客户缺件的意外情况；车间预约看板为生产调度看板，提醒车间主管进行调度时要考虑预约客户的情况。其中前台看板、车间看板由专属服务顾问负责，库房看板由库管员负责。

（6）预约服务接待

专属服务顾问和技术顾问应在客户预约时间之前做好接车准备，并进一步完善客户资料。

1）如果客户在约定时间准时来店，专属服务顾问、技术顾问要在第一时间与客户打招呼，按照接车流程进行接车，并安排至预留的新能源车辆维修专用工位，将维修状态改为在修；在客户资料中增加客户服务信用权限积分，享受预约优惠。

2）如果客户在约定时段内来店，但预留工位已做安排，应安排车辆到快速维修通道，优先安排新能源车辆的客户，并享受预约优惠。

3）如果客户未在约定时段来店，但预留工位已做安排，客户资料仍按成功预约登记，但不享受预约优惠。

4）如果客户主动来电话变更预约时间，专属服务顾问则需重新填写预约登记表，变更预约看板，并通知库、车间，客户资料不变更。

5）如果客户预约当日没有来店，也没有主动联系，则专属服务顾问需在预约看板中删除预约服务的任务，并在当日下午与客户沟通了解客户没到的原因，进行二次预约。

## 三、工作计划与决策

将全班同学分组，两人一组，一人扮演客户刘女士，一人扮演专属服务顾问（李新），制订并讨论决策主动预约和被动预约刘女士前来做 2 万 km 保养车辆的工作计划。按表 2-1、表 2-2 话术内容完成预约流程。

(1) 主动预约话术

表 2-1　主动预约话术

| 质量关键项目 | 行为示范 | 话术建议和参考 |
| --- | --- | --- |
| 是否告知维修保养所需要的预计费用 | 根据客户车辆，驾驶习惯和其他特点，在与客户沟通时要因人、因车而异，吸引客户上门 | **李新**：您好！是刘 × × 女士吗？<br>**刘女士**：是的。<br>**李新**：早上好！这里是上汽新能源汽车授权售后服务中心，我是您的专属服务顾问李新。根据系统中的提示，您的荣威 ei6 车辆 2 万 km 保养时间快要到了，请问您的爱车实际行驶里程是多少呢？<br>**刘女士**：大约 1.9 万 km。 |
| 根据客户的时间，灵活安排维修保养时间 | 告知单位名称，自己姓名，说明去电邀约来店对客户的利益 | **李新**：为确保您的车辆在接下来的行驶中保持最佳使用状况，在保养时我们会对您的爱车进行详细检查，确认是否需要更换发动机机油、机滤、空调滤芯、空气滤芯等；是否需要进行特殊项目的保养，如电驱动变速器同步自学习、制动液、燃油滤清器、燃油添加剂等的检查。我们建议您到店接受保养服务，我们随时为您准备新能源车辆维修专用工位，您看您哪天有时间？ |
| 提醒客户携带必要文件 | 提供可选择的时间，给客户安排比较方便的进厂日期与时间 | **刘女士**：我看一下，那就这周五上午 9 点吧。 |
| 是否提供交通工具、接送服务、出租车等替代交通方式 | 初步确认客户所需服务项目，说明保养维修所需时间和费用 | **李新**：好的，保养预计需要 2h，预计金额大约 1500 元左右。到时候请您携带您的行驶证与维修保养手册。<br>我们目前正举办制动系统免费检测活动，如需要更换相关耗材可享受 5 优惠。<br>**刘女士**：嗯，到时候我也参加一下活动。<br>**李新**：好的，那么我们这周五上午 9 点见，我和技术顾问张华将负责您的接待工作。 |
|  | 约定提醒联系方式与时间 | 我们会分别在预约前 1 天和前 1h 提醒您。您看哪种联系方式对您合适？短信、电话、微信还是电子邮件？<br>**刘女士**：打电话吧。 |
|  | 询问是否需要替换的交通工具 | **李新**：好的，这次保养需要 2h 左右，为不影响您的后续行程，我们可以为您提供代步车服务，您看需要吗？<br>**刘女士**：不用了，谢谢！ |
|  | 致谢，让客户先挂电话 | **李新**：好的，感谢您给我们机会为您服务，上汽新能源汽车授权售后服务中心祝您一切顺利，生活愉快，谢谢，再见！ |

（2）被动预约话术

**表 2-2　被动预约话术**

| 质量关键项目 | 行为示范 | 话术建议和参考 |
|---|---|---|
| 电话响了几次 | 电话铃响 3 声之内迅速接听电话 | **李新：**早上好，上汽新能源汽车授权售后服务中心，很高兴为您服务，我是李新，请问怎么称呼您？<br>**刘女士：**你好，我是刘 ××，我想预约一下周三去你们服务中心修车并做保养。<br>**李新：**好的，刘女士，请问您的车牌号码是多少？ |
| 根据客户的时间，灵活安排维修保养时间 | 问候语包含单位名称与自己姓名 | **刘女士：**我的车牌号码是……。<br>**李新：**好的，请您稍等。<br>刘女士，接下来我将用 5min 左右的时间来完成您的预约并更新您的资料可以吗？<br>**刘女士：**嗯，可以。<br>**李新：**好的，刘女士，为今后更好地为您服务，和您核对一下您留在我们这里的信息，请问您的荣威 ei6 现在的行驶里程是多少公里了？ |
| 是否告知维修保养所需要的预计费用 | 倾听客户的需要，如果需要维修服务，调出与之相关的问题列表，收集问题描述并且根据问题列表锁定问题类型 | **刘女士：**快 2 万 km。<br>**李新：**您的地址是……。<br>**刘女士：**没错。<br>**李新：**您的手机号码是……，座机号码是……。<br>**刘女士：**是的。<br>**李新：**您的 email 是……<br>**刘女士：**是的。<br>**李新：**刘女士，请问您的资料还有什么需要更新的吗？<br>**刘女士：**不需要更新了，谢谢。<br>**李新：**好的，刘女士，您想下周三预约 2 万 km 保养和维修，请问您的爱车有什么问题吗？<br>**刘女士：**是这样的，前几天我在行驶的过程中发现尾部有异响。<br>**李新：**好的，我明白了，如果您能简短地回答我的几个问题将有助于我们做好准备工作，这样可以节省您在接车时的等待时间。<br>**刘女士：**好的，谢谢。<br>**李新：**请问您的爱车是什么时候出现这些问题的？<br>**刘女士：**大概是两三天之前吧。<br>**李新：**是您本人驾驶时发现的嘛？<br>**刘女士：**是的。<br>**李新：**您能简单地描述一下出现问题时的状况吗？<br>**刘女士：**就是在颠簸路面行驶时车尾部有异响。 |

（续）

| 质量关键项目 | 行为示范 | 话术建议和参考 |
| --- | --- | --- |
| | | **李新：**好的，刘女士我已经记录下您车辆的情况，我们将为您做好维修准备，感谢您的配合。除了维修和保养以外我们还能为您做些什么？<br>**刘女士：**暂时不需要了，谢谢。<br>**李新：**现在我们正在举行免费检测服务活动，可以对您的车辆进行多项免费检测，您是否愿意参加呢？<br>**刘女士：**行，如果能免费检测那当然是更好了。<br>**李新：**那请问您想体验一下我们免费洗车服务吗？您可以选择机器洗车或者人工洗车。<br>**刘女士：**我还是希望人工洗车。<br>**李新：**请问刘女士，我们在清洗的时候有什么需要特别注意的地方吗？<br>**刘女士：**我没有什么特别的要求，就按照你们正常的程序洗车就可以了。<br>**李新：**好的，我明白了，根据您向我所做的描述，我和技术顾问张华将详细检查您的车辆并且在必要的时候进行路试，然后将做出准确的诊断。<br>**刘女士：**好的。<br>**李新：**那我现在来总结一下我们刚刚谈话的内容，这样我可以更好地为您做预约准备。<br>**刘女士：**好的。<br>**李新：**您本次预约的项目是做一次 2 万 km 的保养，解决您的车辆尾部有异响的问题，并参加免费检测服务活动，对吗？<br>**刘女士：**是的。 |
| 是否提供交通工具、接送服务、出租车等替代交通方式 | 告知保养维修所需的时间和费用，给予可选的进厂日期和时间<br><br>询问是否需要替换的交通工具 | **李新：**您车辆的保养费用大约 1500 元左右，有异响问题所产生的维修费用我们将根据检测结果再为您确定，本次保养，维修和免费检测的时间大概需要 2h 左右，我们会在周三上午 9:15—9:45 或下午 1:15—1:45 为您预留维修工位，您希望选择哪个时间呢？<br>**刘女士：**请稍等，我查一下工作日程。您好！我希望定在下午 1:30。<br>**李新：**好的，在您车辆维修的这段时间我们可以为您提供一辆替换车，或者报销 20 元出租车费，另外我们还可以为您提供取送车服务，您觉得哪项更适合您。<br>**刘女士：**那么请给我安排一辆替换车吧。 |

（续）

| 质量关键项目 | 行为示范 | 话术建议和参考 |
| --- | --- | --- |
| | | **李新**：好的我们能为您提供 500 元一天的荣威 RX5，600 元一天的荣威 e950，您喜欢哪个车型呢？<br>**刘女士**：嗯，我更喜欢 e950。<br>**李新**：刘女士，请问您还有其他需求吗？<br>**刘女士**：暂时没有了，谢谢。 |
| | 约定提醒的时间与联系方式 | **李新**：好的，刘女士，我已经记录下您的详细信息并会在周三下午 1:30 为您预留新能源专用维修工位及专用停车位，届时我和技术顾问张华将会等候您的光临，并为您的车辆做保养，以及解决车辆在行驶中尾部有异响的问题。另外我已经为您预留了一辆荣威 e950 作为替换车，还需要提醒您请务必带上您的保养手册，行驶证，驾驶证和身份证。<br>**刘女士**：好的。<br>**李新**：我们将在您维修的当天再次对您进行预约提醒，您希望采取电话还是短信的方式？<br>**刘女士**：还是通电话吧。 |
| | 致谢，让客户先挂电话 | **李新**：好的，刘女士，我还有什么能帮您的吗？<br>**刘女士**：没有了，谢谢。<br>**李新**：非常感谢您的预约和对我们的信任，我们期待周三下午 1:30 您的光临，刘女士，再见。<br>**刘女士**：再见。 |

## 四、任务实施

（1）预约作业前期准备

1）在 DMS 系统中筛选出刘女士的信息。

2）通过 DMS 系统了解到半年前刘女士驾驶的荣威 ei6（45T 混动互联智尊版）轿车做过 10000km 的保养。

3）刘女士的爱车如果做 20000km 的保养需要 2 工时左右，已了解了各配件的价格。

4）已准备好预约登记表、预约排班表、预约看板等。

5）记录用笔等办公用品已准备好。

6）安静的电话场所及良好的个人状态。

7）预约通道、工位的准备。

（2）完成表 2-1、表 2-2 中内容。

## 五、评价反思

（1）学习活动过程评价

见表 2-3。

表 2-3 学习活动过程评价表

| 班级 | | 组名 | | 日期 | 年 月 日 |
|---|---|---|---|---|---|
| 专属服务顾问 | | | | 客户 | |
| 序号 | 评价要点 | | | 配分 | 得分 |
| 1 | 自我介绍（报自己的姓名和单位） | | | 10 | |
| 2 | 确认对方并礼貌称呼对方，说明通话目的 | | | 5 | |
| 3 | 客户和车辆信息的确认 | | | 5 | |
| 4 | 询问客户车况 | | | 5 | |
| 5 | 保养维修时间费用的预估 | | | 10 | |
| 6 | 告知替代交通方式 | | | 10 | |
| 7 | 提醒携带必要文件 | | | 5 | |
| 8 | 约定提醒时间与联系方式 | | | 5 | |
| 9 | 礼貌道别，祝福 | | | 5 | |
| 10 | 普通话标准，口齿清楚 | | | 10 | |
| 11 | 语言生动流畅 | | | 10 | |
| 12 | 思路清晰，层次分明 | | | 10 | |
| 13 | 时间安排恰当 | | | 5 | |
| 14 | 精神饱满，激情礼貌 | | | 5 | |
| 总 分 | | | | 100 | |
| 小结建议 | | | | | |

A □（90～100）B □（70～89） C □（60～69）D □（60 以下）

（2）综合评价

见表 2-4。

**表 2-4 综合评价表**

| 评价项目 | 评价内容 | | | | 自我评价 | 小组评价 | 教师评价 |
|---|---|---|---|---|---|---|---|
| | A | B | C | D | | | |
| 工作态度 | 严谨专注，尽全力克服困难，敢于承担责任，努力改进方法 | 努力克服困难，遇到困难，积极听取各方意见，乐于尝试新方法 | 依据指令，规范操作，能够按要求完成任务，偶有拖延 | 遇到困难时有抱怨，被动完成任务 | | | |
| 学习能力 | 成长意识强，信息捕捉能力强，并能快速转化为能力 | 重视自我完善，信息捕捉能力较强，努力汲取新知识，具备一定的转化能力 | 愿意接收新信息，新知识，重视积累，具备初步的转化能力 | 在他人帮助下，能够学习新的知识，有转化能力 | | | |
| 自控能力 | 严格遵守学习纪律，严守任务时间，能够调节队友情绪，协调队友观点 | 遵守纪律，按时完成任务，能够控制情绪，积极采纳队友观点 | 有时间观念，服从教师、组长管理，愿意倾听队友意见 | 有迟到早退现象，有违反学习纪律现象 | | | |
| 沟通能力 | 乐于倾听，感情传达准确，观点能够得到队友认可 | 愿意倾听，表达流畅，能够接纳不同观点 | 理解队友，并能够明确地阐述自己的想法 | 能够理解队友的想法 | | | |
| 合作能力 | 理解服从的意义，迅速调整自我情绪，主动推动项目完成 | 服从团队管理，分担团队重要任务 | 尽力服从管理，分担团队基础任务 | 愿意完成自身任务 | | | |
| 5S标准 | 按照 5S 标准进行操作，使用工具正确规范，顺利完成任务 | | | | | | |
| 安全操作 | 严格遵守操作规范，不发生安全事故 | | | | | | |
| 学生自评 | 1. 本人分担的学习任务：<br>完成情况：<br>2. 本人在本次学习中，解决的问题有：<br>仍未解决的问题有： | | | | | | |

（续）

<table>
<tr><th rowspan="2">评价项目</th><th colspan="4">评价内容</th><th rowspan="2">自我评价</th><th rowspan="2">小组评价</th><th rowspan="2">教师评价</th></tr>
<tr><th>A</th><th>B</th><th>C</th><th>D</th></tr>
<tr><td>教师点评</td><td colspan="4">1. 表扬的小组是第　组，理由是：<br>2. 对本小组的评价是：<br>3. 表扬的个人有：<br>理由是：</td><td></td><td></td><td></td></tr>
</table>

## 六、巩固与练习

### 1. 小组讨论

怎样提高预约率？

### 2. 操作实践

刘女士的上汽荣威 ei6（45T 混动互联智尊版）轿车，行驶里程近 30000km，服务顾问利用微信预约刘女士前来保养。小组内一人扮演刘女士，一人扮演服务顾问进行演练。

# 任务三 新能源汽车服务流程——接待

## 学习情境

2022 年 5 月 13 日，刘女士驾驶一辆上汽荣威 ei6（45T 混动互联智尊版）轿车，直接开到了上汽荣威某 4S 店。爱民 4S 店的专属服务顾问李新和技术顾问张华一起迎接了刘女士。刘女士是否对 4S 店的服务满意呢？我们拭目以待。

新能源汽车服务流程——接待 1

新能源汽车服务流程——接待 2

## 任务分析

接车是服务顾问的核心任务之一，客户对企业服务好坏的评价很大程度上取决于服务顾问的服务水平。新能源汽车不同于传统的燃油汽车，服务顾问应能够有礼有节地接待客户、进行车辆预检，并按照新能源汽车业务流程完成接车等工作任务。要做好客户和保养或维修车辆的接待工作，服务顾问必须具备接待流程环节的各项知识和技能。

## 学习目标

**★知识目标**

1）能描述专属服务顾问和技术服务顾问主要的工作职责。

2）能描述在接车环节中客户对服务的期望。

3）能描述新能源汽车的接待步骤。

**★技能目标**

1）会根据企业的要求接待新能源汽车客户，达到让客户满意。

2）会正确填写接车预检单和维修工单。

3）会对车辆的故障现象进行问诊。

4）会解决客户提出的各种异议。

5）会对车辆的保养或维修项目进行确认，并正确估时估价。

6）会对维修或保养车辆进行派工。

★**素养目标**

1）培养学生服务意识与沟通能力。

2）培养学生处理问题的能力。

3）通过任务的实施，培养学生团队合作、规范操作及执行6S安全管理规范的能力。

## 学习任务

接待来店维修保养的新能源车辆。

## 一、学习准备

场地准备：模拟上汽集团4S店接待新能源汽车的场地布置。

资料准备：学习资源，学习活动过程评价表及综合评价表。

学生准备：学生分组，角色扮演。

## 二、信息收集

新能源汽车售后服务流程中接待环节是发生在客户到店的第一时间，客户的第一印象非常重要。服务顾问良好的沟通能力、专业的业务技能不仅能快速确认客户需求，同时也能将信息及时传递至下一个流程，从而为实现客户需求奠定基础。

### 1. 接待客户的目的

接待是给客户留下良好印象的第一时刻，通过接待，服务顾问可以了解客户的行为类型，进而调整自己的行为类型。汽车厂家及服务企业要求服务顾问要以专业的素养，热情友好的态度传达汽车厂家及服务企业对客户的关怀及服务理念，正确诊断维修项目，取得客户信任，迅速确认服务的内容。

### 2. 接车环节客户的期望

了解客户的期望是做好服务的前提，服务顾问应表现出对客户维修需要的应有关注，当客户来店时他们期望得到：

1）我到达服务企业（门店）时，能立即得到接待。

2）服务顾问表现出了解我的需要。

3）在开始维修工作前，服务顾问或维修技师与我一起检查车辆。

4）在开始维修工作前，企业能提供预计维修费用。

5）企业能提供预计维修完成时间。

6）对待我应诚实真挚，没有欺骗。

### 3. 接车环节的工作流程和服务顾问的工作职责

接车是服务顾问的核心任务。接车环节完成的优劣最直接地反映企业的服务水平。服务顾问在接车环节的工作流程如图 3-1 所示。由工作流程图可知在这一环节服务顾问的主要职责是：

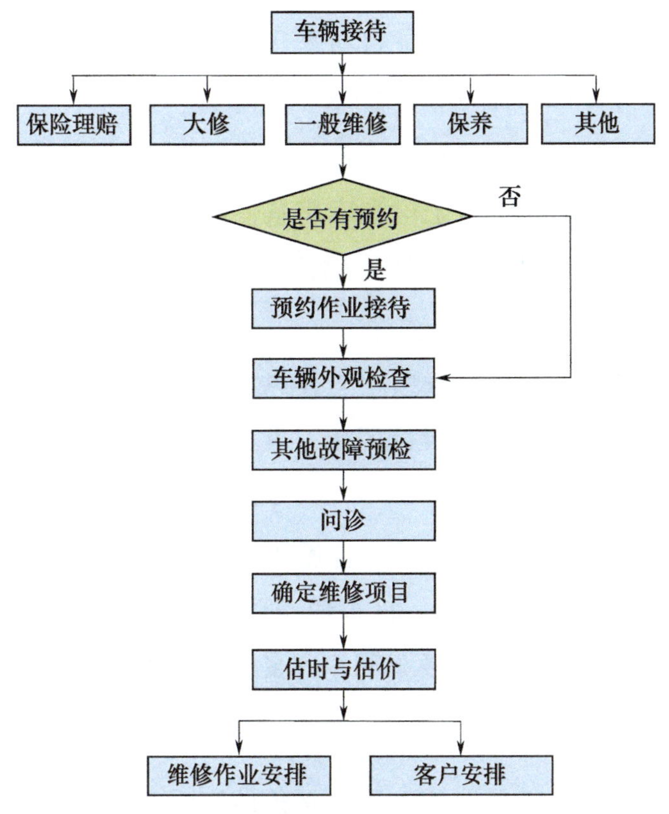


图 3-1　接车环节的工作流程

（1）友好地接待来店的每一位客户

专属服务顾问和技术服务顾问要在客户到来前准备好资料，友好地进行接待，不能让客户产生不友好的感觉。

1）建立完整的客户档案，备注专属服务顾问姓名。

2）客户车辆的定期保养提醒。

3）每一次客户进店接待工作。

4）客户交车后 24h 跟踪关怀。

5）与客户一对一添加手机微信。

6）定期通过微信推送与车辆有关的信息及客户活动。

（2）询问客户需求

客户来店后，专属服务顾问要认真了解客户的需求及来店的目的。如果需要进行服务，要明确服务的类型。如果是其他目的，则要尽可能提供相应的帮助。

（3）对车辆进行问诊

专属服务顾问和技术服务顾问配合对来店客户的车辆进行预检，并询问客户故障原因，技术服务顾问着重问诊车辆技术问题。

（4）对维修保养车辆进行估价和估时

专属服务顾问协调车间维修工位和库房备件的关系，根据客户需要维修保养的项目进行估价和估时，并与客户沟通确认。

（5）填写好接车预检单和维修工单

接车预检单和维修工单是服务顾问与客户之间达成协议的重要文件，专属服务顾问需正确填写接车预检单和维修工单，并双方签字认可。

（6）安排好客户以及报修车辆

填写好接车预检单和维修工单后，专属服务顾问应征求客户意见是离店还是到休息室等候。将客户安排好后，将车辆送到新能源车辆专属维修工位，并按照企业的要求与车间维修技师交接车辆，并妥善保管好车辆钥匙等。

### 4. 接车预检单的填写

接车预检单如图 3-2 所示，基本信息必须填写完整，是否预约客户必须有效区别。如果车辆外观非常脏，需对客户车辆进行预洗。

环车检查时，应该详细记录车辆的外观状态（划伤用“△”，凹凸用“○”，脱落 / 开裂用“×”，撞击损伤用“√”），并告知客户。

客户描述栏要真实记录客户的原话。包括客户所需维修的项目以及描述的车辆故障表现等，以便其他部门能知道客户来店的本意。

接车预检单

进站时间：______年___月___日___时___分
送 修 人：____________________电 话：____________________ 是否预约：□是 □否
地 址：

| 车型 | 车牌号 | 车身颜色 | 购车日期 | 行驶里程 | 保险公司 | 保险到期日 |
|---|---|---|---|---|---|---|
| | | | | | | |

| | | |
|---|---|---|
| 客户需求 | | |
| 接车问诊 | 1) 车辆出现问题/故障的具体部位：<br><br>2) 车辆发生故障的出现时间：<br>□最近 □一周前<br>□其它（ ）<br><br>3) 故障出现时的路况：<br>□柏油路 □水泥路 □颠簸路<br>□其它 | 4) 故障出现时车辆的状态：<br>□冷车 □热车 □车速 ________km/h<br>□其它（ ）<br><br>5) 故障是否可以再现：<br>□是 □否<br><br>6) 是否需要到进行路试体验：<br>□是 □否 |
| | 初步诊断结果： | |

环车检查

| | | |
|---|---|---|
| 车身确认<br>A-凹陷 D-掉漆 H-划痕 L-裂纹 P-破损 X-锈 | 内饰确认（正常划“√”，否则划“×”）<br>中控台（ ） 车 顶（ ）<br>门内饰板（ ） 各操作面板（ ） | |
| | 功能确认<br>座椅（ ）点烟器（ ）<br>音响（ ）雨 刮（ ）<br>空调（ ）蓄电池（ ）<br>天窗（ ）玻璃升降（ ） | 油量确认<br>E F |

预估维修项目

预计完工时间： 月 日 时

| 旧件处理方式 | 洗车需求： | 在店等待： |
|---|---|---|
| □带走 □不带走，服务站处理 | □是 □否 | □是 □否 |

| 客户确认： | 技术服务顾问确认： |
|---|---|
| | |

图 3–2 接车预检单

## 5. 维修工单的填写

维修工单如图 3–3 所示，基本信息必须填写完整。

1）“预计交车时间”栏：根据实际维修项目情况进行填写，确保预估时间准确率达到 90% 以上。

2）“送修人”信息与“客户登记信息”不一致时，须详细记录“送修人”信息。

3）“行驶里程”和“保修起始日期”栏：如实记录。

上汽集团 SAIC MOTOR

上海汽车授权经销商售后服务中心维修工单
SAIC MOTOR SERVICE CENTER REPAIR ORDER

SAIC MOTOR Experience

ASC 代码 ASC CODE　工单类型 RO TYPE　维修类型 REPAIR TYPE　工时单价 LABOUR RATE　打印时间 PRINT TIME　第 页 共 页 PAGE OF TOTAL

| 维修工单号 RO NO. | 开单日期 RO DATE | 预计交车日期 EXP DATE | 牌照号 LICENSE NO. | 车辆识别号 VEHICLE IDENTIFICATION NUMBER | 发动机号 ENGINE NO. | 品牌 BRAND | 车型 MODEL | 行驶里程数 ODOMETER | 保修起始日期 W.S.D. | 保修起始里程 W.S.M. | 车辆颜色 COLOR |
|---|---|---|---|---|---|---|---|---|---|---|---|
| | | | | | | | | | | | |

| 车主 OWNER | 邮编 POST CODE | 地址 ADDRESS | 送修人 ATT. | 电话 TEL. | 手机 MOBILE | 服务顾问 S/A |
|---|---|---|---|---|---|---|
| | | | | | | |

| 序号 NO. | 项目代码/操作代码 ITEM / LABOR CODE | 客户故障描述 CUSTOMER COMPLAINT | 检测结果/故障原因 CAUSE | 项目名称/维修措施 CORRECTION | 标准工时 STANDARD LABOUR HOUR | 附加工时 OTHER LABOUR HOUR | 工时费 LABOUR AMOUNT | 技师 TECHNICIAN | 索赔标志 WR |
|---|---|---|---|---|---|---|---|---|---|
| | | | | | | | | | |

第一联 用户联

以下项目由车辆流转过程中的相关负责人填写
THE FOLLOWING ITEMS SHOULD BE FILLED BY THE OPERATOR

| 项目 ITEM | 转车间 TRANSFER WORKSHOP | 质检 QUALITY INSPECT | 洗车 CAR WASH | 送达 ATTEND | 通知 INFORM |
|---|---|---|---|---|---|
| 交接时间 TRANSFER TIME | | | | | |
| 责任人 OPERATION BY | | | | | |

燃油 FUEL　E　1/2　F

旧件是否保留 KEEP OLD PARTS? 是 YES □ 否 NO □
是否洗车 CAR WASH? 是 YES □ 否 NO □
其他费用 NET ITEM AMOUNT
预估金额 ESTIMATE AMOUNT

| 维修历史 REPAIR HISTORY | 序号 NO. | 工单号 RO.NO. | 开单日期 DATE | 工单类型 TYPE | 维修类型 REPAIR TYPE | 里程数 KM | 服务顾问 S/A | 责任技师 TECHNICIAN | 质检签名 QUALITY INSPECTION BY | 车内无贵重物品 NO VALUABLES IN VEHICLE |
|---|---|---|---|---|---|---|---|---|---|---|
| | | | | | | | | | | 客户签名 CUSTOMER SIGNATURE<br>入厂 IN　出厂 OUT |

售后服务中心名称 ASC:　地址 ADDRESS:　电话 TELEPHONE:

图 3-3　维修工单

4）“工单类型”与“维修类型”栏：按照 DMS 系统登记进行严格区分，以便日后进行有效的数据统计。

5）“项目代码 / 操作代码”栏：DMS 系统根据数据库自动产生。

6）“客户故障描述”栏：记录客户所说的原话。服务顾问用 5W2H 的提问方法尽可能地询问客户的需求，引导客户详细描述故障现象。

7）“检查结果 / 故障原因”栏：服务顾问根据客户描述内容，结合自己的实车诊断，以汽车维修的专业术语将故障现象表达出来。

8）“项目名称 / 维修措施”栏：服务顾问根据客户描述和自己的判断，结合故障现象，在 DMS 系统中调出相应的维修项目内容（如系统中没有，可在表内填写）。

9）“标准工时”栏：该维修项目的标准工时（以 DMS 系统为主）。

10）“附加工时”栏：除该维修项目的标准工时以外，额外增加的辅助工时（如外加工项目等）。

11）“工时费”栏：该维修项目合计工时费用（按经销商当地区域工时价格为标准）。

12）“索赔标志”栏：填写相应的标记符号。索赔 S；返修 R；免费 M。

13）“转车间”栏：当该车辆的维修项目涉及多种工序，或车间过程管控中涉及每道工序的交接确认时，必须如实填写每道工序的交接时间结点。

14）“燃油”栏：燃油表剩余燃油标注必须如实记录。

15）“旧件是否保留”栏：服务顾问必须询问客户是否需要保留旧件并做标注。

16）“其他费用”栏：如有标准维修项目以外的其他辅助项目所产生的费用，服务顾问必须向客户说明清楚并记录在该处。

17）“是否洗车”栏：服务顾问必须询问客户是否需要洗车并做标注。

18）“维修历史”栏：当客户报修的项目为同一项目的多次维修，或是复杂的疑难杂症时，服务顾问可以将该车辆以前的维修历史填写在该栏内，帮助车间维修人员更好地判断故障。

19）“质检签名”栏：车间三级检验的终检签字栏。

20）“车内无贵重物品”栏：贵重物品确认栏。

21）“客户签名”栏：“入厂”和“出厂”必须都有客户签字。

### 6. 环车检查的目的

服务顾问要对来店维修或保养的车辆进行环车外观检查，主要目的是：

1）明确客户的主要维修项目。

2）记录车辆以前的损伤情况。

3）记录所有已经遗失或损坏的部件。

4）发现额外需要完成的工作（客户没有发现的问题）。

5）提醒客户存放或带走遗留在车内的贵重物品。

6）有效减少后期交车时可能出现的争议，避免对企业不利的索赔。

### 7. 环车检查的步骤

1）请客户提供保修手册。服务顾问根据保修手册，核实车辆牌照号、VIN 码、车型、客户姓名、电话等，填写接车预检单。

2）检查驾驶室。安装六件套（专属服务顾问和技术服务顾问同时进行）；按照一定的顺序从上到下，从左到右，从前到后检查车辆并做记录。

3）检查车辆左前侧。记录左前车门、翼子板、后视镜等处的划痕、凹陷或漆伤；记录左前轮胎是否有不均匀磨损、裂纹等问题；记录轮饰盖是否完好；

记录左侧刮水器片是否老化或有裂纹等。

4）检查车辆正前方。记录风窗玻璃划痕；记录发动机盖、车照牌、车标、前保险杠等处的划痕、凹陷或漆伤等。

5）检查发动机舱。由技术顾问检查发动机舱内的各部件，检查高压电部分时必须戴好完好的绝缘手套。记录各油液的存量和质量；记录是否有漏油、漏电等现象。

6）检查车辆右前侧。记录右前车门、翼子板、后视镜等处的划痕、凹陷或漆伤；记录右前轮胎是否有不均匀磨损、裂纹等问题；记录轮饰盖是否完好；记录右侧刮水器片是否老化或有裂纹等。

7）检查车辆右后侧。记录右后车门、翼子板、充电口等处的划痕、凹陷或漆伤；记录右后轮胎是否有不均匀磨损、裂纹等问题；记录轮饰盖是否完好；记录右后座是否有破损或有贵重物品遗留等。

8）检查车辆后侧。记录后门、后灯、后保险杠等处划痕、凹陷或漆伤；记录后风窗玻璃、刮水器片是否有老化或裂纹；确认行李舱内随车工具是否齐全；有无贵重物品遗留等。

9）检查车辆行李舱。由技术顾问检查行李舱内随车工具，动力电池组，低压蓄电池等，检查高压电部分必须戴好完好的绝缘手套。

10）检查车辆左后侧。记录左后车门、翼子板、燃油加注口等处的划痕、凹陷或漆伤；记录左后轮胎是否有不均匀磨损、裂纹等问题；记录轮饰盖是否完好；记录左后座是否有破损或有贵重物品遗留等。

11）举升车辆，检查车辆底盘。如果车辆行驶里程达到30000km以上或客户反映有漏油、异响等现象，服务顾问有必要利用预检台把车辆举起来，检查车辆底盘：如车辆减振器状况、弹簧状况、制动片状况及高压线束状况，这些都是外观上可能出现的问题，如果有损伤则建议客户维修。如果客户不同意维修，服务顾问要注意把情况记录下来，以免后期与客户发生纠纷。

### 8. 车辆问诊的技巧

车辆问诊是借助服务顾问和客户之间的信息交流来完成的，而这种信息传递与接受，需要通过双方之间的问答来完成。

（1）问诊时，服务顾问要认真听

在车辆问诊过程中，潜心的倾听尤为重要。学会倾听才能发现客户想要表达的真实意图，从而确认车辆故障状态。问诊中要想获得良好的听的效果，要精力集中、专心致志地听。心理学家的统计证明，一般人说话的速度为每分钟180~200个字，而听别人说话及思维的速度，大约要比说话快4倍多。所以对方的话还没说完，听话者大都理解了。这样一来，听者就会由于精力富余而开“小差”。如果此时客户描述重要的车辆故障现象，服务顾问就可能由于心不在焉，没有及时反应，而不能很好地完成问诊。

（2）要准确记录客户对车辆故障的症状描述

当车辆在外观或者运行方面出现异常变化，如发动机不正常熄火、出现异常噪声、冒烟、过热、起动慢、车灯不亮等，就表明车辆需要进行修理或者保养。在客户反映车辆故障时，服务顾问一定要向客户问清楚细节，并且在接车预检单上写清楚，以便维修技师进行准确的故障判断。

大多数情况下，客户只是站在自己的角度来说明车辆存在的问题，如果完全按照客户的描述进行记录，写出来的故障往往是不准确的，所以要有效地运用持续追问的技巧，向客户确认关于故障的细节，这样才能够把故障情况准确地记录到接车预检单上，才不会误导维修技师的判断。例如，客户说“汽车开起来跑偏”，服务顾问要进一步追问“是行驶时跑偏还是制动时跑偏”，维修技师对这两种情况故障原因的判断是不同的；其次，要进一步追问“向左偏还是向右偏”，只有这样记录下来，才有利于维修技师进行故障判断，从而提高维修的效率。

（3）询问客户故障症状的技巧

在整个问诊过程中，服务顾问要想更多、更准确地了解客户信息，需要通过巧妙的提问使客户多表达自己的意见。通常提问的方式有两种。

1）开放式询问。问诊前期获取信息阶段要尽量用开放式的询问方法。这种方法的特点是没有限制的答案，给予客户很大的空间，有利于服务顾问获取广泛的信息。例如，服务顾问可采用5W2H方法对客户进行询问，全面了解有关情况。

5W2H具体包括以下内容：

WHERE：是指故障发生的地点，如国道，高速公路，市内公路等。

WHEN：是指故障发生的时间，包括季节，时间早晚等。

WHO：是指故障发生时的驾驶人，即是谁在驾驶车辆。

WHAT：是指故障发生时的详细情况，主要内容包括：哪个系统发生了什么故

障，当时发动机，变速器，仪表指示灯，灯光，空调，音响及其他设备的状态。

WHY：是指故障发生原因咨询，即问题发生前车辆有没有发生过其他故障或做过维修保养，改装或事故维修等。

HOW：是指故障怎么发生的。客户是否有简单的感觉判断，发生时有没有其他伴随现象，如下雨，特殊路面，特殊地区等。

HOW MUCH：是指故障发生的频率。到目前为止共发生了多少次。

服务顾问使用开放式描述问题的方式向客户问诊车辆故障，目的是为了让客户多说话，以便判断客户想要表达的真实意图。例如：当客户说发动机有噪声时，服务顾问要问“您什么时候开始听到这种声音（WHEN）”；当客户说车有异常感觉的时候，服务顾问要问“您当时在什么样的路面上行驶（WHERE）”；当客户说闻到什么气味时，服务顾问要问“这个气味像什么？如甜甜的味道还是像蜡烛烧焦的气味（WHAT）”。

根据客户描述车辆的实际故障状况，服务顾问可邀请客户和维修技师一起路试，确认故障点，给出维修方案。

2）封闭式询问。封闭式询问一般用来确认故障，特点是给予客户回答的空间较小，要求客户在选定的范围内回答。这种询问方式的优点是不宜偏离主题，缺点是不利于获得更多的信息。例如，要确认一下客户平时所走的路段是什么样的，服务顾问可以问客户“您是否经常在十分坎坷的路面上行驶”；客户投诉或抱怨他的车跑偏时，服务顾问可以问“您近期是否做过四轮定位”；客户反映制动系统有问题时，服务顾问可以问“制动时车辆是否跑偏”。

### 9. 客户异议及类型

客户异议是指在车辆售后服务的过程中，由于种种原因，客户对服务顾问人员的不赞同、提出质疑或拒绝。

总体而言，客户异议的根源在客户与企业两个方面：在客户方面，客户的立场、个性、习惯、经验及知识面的宽窄等都可能导致异议的产生。对此，服务顾问只能采取各种说服、示范技巧，使客户提高认识，扩大知识面，改变客户对服务的看法和评价。在企业方面，服务质量、档次、维修技术、价格以及服务人员的某些行为、礼仪等的运用方面是否存在问题，都与客户异议有关。就维修服务而言，并不是所有的异议都代表客户对企业的不满。根据异议产生的原因不同，大致把汽车服务过程的异议分为以下几类。

（1）一般性疑问

这一类疑问源于客户对汽车产品及企业所提供服务的不了解。出现这种现象是正常的，客户提出疑问，反映了客户对产品的关注程度。尤其在接车、交车的环节，客户出于对汽车及其维修服务的关注，希望能够对有关汽车维修的各种服务有所了解，会提出很多有关汽车服务方面的问题，这种异议的产生通常源于两个原因：一是在整个接待过程中，由于服务顾问自身经验不足，在车辆维修过程中对服务的解释针对性不强，导致客户对有些服务细节了解不足，从而产生异议；二是由于客户本身在汽车维修及使用方面的知识不足，希望通过询问了解汽车使用及维护方面的知识。

（2）非真实性异议

有时候客户提出异议，并不是由于企业提供的服务有问题，而是由于其他方面的原因，这种异议就属于非真实性异议。其他的异议通常需要服务顾问去解释，但非真实性异议一般不要正面去解决它。非真实性异议的产生，通常是源于三个方面：一是有些客户由于当时的心情不好，正处于负面情绪中，他们对服务提出异议只是因为个人情绪所致；二是有些客户为了表现自己的专家形象，也会对提供的服务和服务顾问的项目沟通提出或对或错的看法，以此来展示他们专家形象；三是有些客户实际上已经认同企业所提供的服务，但是为了能够享受企业的服务折扣，会故意提出一些异议。

（3）价格异议

在服务过程中，无论客户满意还是不满意，客户都希望在价格方面得到优惠，因此，服务顾问对客户在价格方面提出的异议，同样需要专门的技巧。

（4）由于服务失误导致的客户抱怨

由于车辆维修服务涉及的服务环节比较多，因此，在整个服务过程中很多时候都会出现这样或那样的服务失误，客户会对这些服务失误产生抱怨。有些客户的抱怨行为会直接表现出来，直接对服务顾问或其他人员提出抱怨，而有些客户则可能保持沉默。

## 10. 不同类型客户异议的处理

（1）处理客户异议的原则

服务顾问处理与客户之间的异议，应把握以下原则。

1）事前做好准备的原则：服务顾问在向客户交车之前要预计客户可能提出的各种异议，并做好充分准备，当客户提出时才能从容应对。

2）保持冷静，避免争论的原则：争论不是解决问题的最好方法，尤其在交车过程中，争论往往会使客户产生更大的不满，导致客户对服务的整体不满，造成客户流失。

3）留有余地的原则：无论客户提出异议是对是错，服务顾问都要注意为客户留有余地，维护客户的自尊心。

4）以诚相待的原则：服务顾问工作的目的在于传达上汽乘用车对客户的关怀及服务理念，因此服务顾问人员要以诚相待，才能获得客户的持久信任。

5）及时处理的原则：对出现的异议要及时进行处理，从而防止矛盾积聚和升级。

（2）一般性疑问的处理方式

如果服务顾问在向客户解释维修项目时，客户更多的是关注为什么会出现此类故障，或者询问如何对车辆进行很好的维护以及维修作业流程是怎样的等问题时，服务顾问就可以判断客户是由于对汽车维护及作业流程不熟悉导致的疑问。

此类疑问的处理有赖于服务顾问业务能力及熟练度的水平。服务顾问须通过熟悉业务流程，提高对企业所能提供各类服务的认知水平，同时，注意客户的交际风格，热情服务，基本上都可以使客户满意。

（3）不同类型非真实性意见的处理方式

如果服务顾问在向客户解释项目的时候，客户有意吹毛求疵，服务顾问就可以大致判断客户的异议属于非真实性异议。此类异议可以分为三种情况来区别处理。

1）判断客户是否由于自身的情绪问题。这种情况多出现在送车服务或表现人际风格的客户之中。对于由于客户情绪导致的反对意见，服务顾问要注意观察客户的表情和选择说话的时机和方式，可以采用冷却法或隔离法。

“冷却法”是指当这种情况发生时，服务顾问尽量少说话，让对方情绪平静下来，在他情绪不好的时候，你的解释很难被接受，也不会受到重视，只会加强他的厌烦情绪。要想不与其争辩，可以用以下技巧：保持沉默，但要微笑；转身去做一件小事，消除剑拔弩张的紧张气氛，如咳嗽一下；表示某种歉意，打消客户想争论某一问题的兴趣；让客户稍等一下，装作有急事要处理，如借故去厕所等；可改善一下说话的气氛，如递给客户一支烟，给客户倒杯水，送客户小礼品等。

“隔离法”是指不要对客户的反对意见做任何回答，将谈话引到比较轻松的话题。如当客户发牢骚的时候，可邀请客户去看车，从而转移客户的话题。

2）判断客户是否为了表现自己的专业水准。这种情况一般多出现在“专家型”人际风格的客户身上。例如，当服务顾问向客户进行项目解释的时候，客户会说出自己对维修原因的判断，而对服务顾问的专业解释却表现出我知道或不耐烦的情绪。这时，服务顾问要注意不要去评论客户的对与错，适当的认同更有利于交易的顺利进行，通常采用赞美法或回避法。

“赞美法”是指无论对专业性问题解释得多么苛刻或初级，服务顾问都要找到其闪光之处，报以微笑和赞赏，并认可其所提问题的重要性，然后继续进行解释。

“回避法”是指当客户提出的问题很幼稚甚至是错误时，不要拼命地解释和辩解，争论的胜利往往导致交易的失败。例如，当服务顾问提醒客户按期保养时，有些客户却不当回事，说保养不过是4S店招揽客户的一种手段而已，即便是不按时保养也没什么大问题之类的话。这时，服务顾问对客户的这一说法就需要回避，而没有必要去和客户争论保养是否有必要。

3）判断客户是否为了获得价格或其他方面的优惠。这类情况的特征一般是客户不断地查看交车明细单，同时又不断地提意见；或者前期的沟通都非常融洽，但在交车时又提出很多异议。服务顾问要注意权衡公司与客户两方面的利益，保持原则，因为公平交易才是最重要的。在处理过程中要注意，首先要显示出你的努力和诚实，告诉客户你很愿意为他服务，并用适当的建议为对方提供台阶或让步，来完成交车作业。

## 三、工作计划与决策

学习情境资料：2022年6月13日，刘女士驾驶一辆上汽荣威ei6（45T混动互联智尊版）轿车，直接开到了上汽荣威某4S店，该车行驶了19850km。刘女士最近曾在暴雨中到山区行驶过颠簸路段，该车左前远光灯不亮，电驱动变速器冷却液膨胀水箱液位低于标准下限，行李舱里充电枪缺失。4S店的专属服务

顾问李新和技术顾问张华一起接待了刘女士。

在接车过程中，客户提出的异议：

1）远光灯不亮有可能是什么原因造成的？怎样解决？

2）电驱动变速器冷却液液位低是怎么回事？这辆车有几个冷却系统？

根据上汽荣威 ei6 保养规范，20000km 定期维护需要进行“12+8”项目检查，更换发动机机油、机滤、空调滤芯、空气滤芯，添加燃油系统积炭清洗剂，并需进行电驱动变速器同步器自学习（相当于控制模块软件程序升级，每隔 20000km 需要同步器复位学习）。

根据学习情境资料，将全班同学分组，三人一组（一人扮演客户刘女士，一人扮演专属服务顾问李新，一人扮演技术顾问张华），制订并决策接待刘女士驾驶的荣威 ei6（45T 混动互联智尊版）20000km 保养车辆的工作计划，按表 3-1 内容完成接待流程。

**表 3-1　接待车辆步骤**

| 步骤 | 相关动作 | 服务顾问与客户对话 | 备注 |
|---|---|---|---|
| 第一步<br>请客户下车 | 指挥停车；走上前主动帮客户打开车门 | **张华**：向前，向前，好，请停车！<br>**李新**：女士您好！您一路辛苦了！请您先熄火下车，好吗？<br>**刘女士**：好！<br>**李新**：我来为您开车门，下车请您当心！小心碰头，小心脚下！<br>欢迎光临上汽荣威 ××4s 店，我是您的专属服务顾问李新，这是我的名片，请您惠存，女士，我应该怎样称呼您呢？<br>**刘女士**：我姓刘。<br>**李新**：哦，刘女士，您今天的气色真好，让小李真是羡慕不已，今天来是对爱车维修还是保养呢？<br>**刘女士**：保养一下。<br>**李新**：刘女士，您之前预约过吗？<br>**刘女士**：没有预约，有关系吗？<br>**李新**：没关系，我们已为您爱车准备了专属服务工位。建议您以后尽量做一下预约，这样我们准备会更充分，也能节省您的等待时间，并且工时费还会为您打八折优惠呢！<br>我来为您介绍一下，这位是我的搭档张华。<br>**张华**：刘女士好！我是技术顾问张华，这是我的名片，请您惠存，我将负责您爱车的所有技术问题，并配合小李一同完成您爱车的维修保养。 | 注意：要适当赞美客户，适当推销自己和企业 |

（续）

| 步骤 | 相关动作 | 服务顾问与客户对话 | 备注 |
| --- | --- | --- | --- |
| 第一步<br>请客户下车 | 指挥停车；走上前主动帮客户打开车门 | **李新：**另外，再告诉您一个好消息，我们店上个月被评为了全国十佳经销商，同时我和小张也被评为了优秀模范搭档，所以，将您的爱车交给我们，您尽管放心！ | 注意：要适当赞美客户，适当推销自己和企业 |
| 第二步<br>记录基本信息，检查驾驶室 | 记录基本信息；铺设六件套；邀请客户到副驾驶座；邀请客户一起检查车辆前后灯光情况 | **李新：**刘女士，为了避免保养项目的遗漏以及您贵重物品的遗留，我们将邀请您一同检查爱车，您看，可以吗？<br>**刘女士：**可以。<br>**李新：**为了后续保养工作，方便将您的行驶证，保养手册，车钥匙暂时交给我吗？<br>**刘女士：**好的，给你。<br>**李新：**非常感谢您的配合！接下来我将记录爱车基本信息，记录牌照号、VIN 码、车型、客户姓名，您的电话有变化吗？<br>**刘女士：**没有。<br>**李新：**好的，小李在这里提醒您随身携带您的贵重物品。为了在保养完后您爱车座椅还在原位以及保持车内的整洁，我们将为您的爱车贴座椅定位贴和铺设防护用品，请您稍等。<br>**刘女士：**好的。<br>**张华：**检查车辆先从驾驶室开始，请您随我移步至副驾驶座，您请！<br>**李新：**刘女士，方便我坐到您的主驾驶座吗？<br>**刘女士：**方便。<br>**李新：**谢谢您！<br>检查天窗，运行轨道顺畅，玻璃无破损；检查后视镜、遮阳板、化妆镜、LED 显示屏、空调系统、音响系统、点烟器、驻车制动、变速杆，均正常。<br>检查玻璃升降器、安全带锁止锁扣，均正常；转向盘无松旷，目测安全气囊外表无破损，正常；接下来我需要启动车辆电源，电源启动正常。刘女士，您看各仪表指示灯均是正常的，您爱车已经行驶了 19850km，您此次做 2 万 km 的保养，您真有保养意识！另外，剩余油量还有二分之一，剩余电量还有四分之三，您可以放心使用，我已做好了记录。刘女士，方便我打开储物箱吗？<br>**刘女士：**方便。<br>**李新：**请收好您的贵重物品，检查主驾驶位储物箱，副驾驶位储物箱和中央扶手箱，均正常；检查后排座，无异常。刘女士，请问您在使用爱车过程中，有什么问题吗？<br>**刘女士：**没有问题。 | 注意：提醒客户取走贵重物品<br><br>注意：记录座椅位置，按照规定顺序套好六件套<br><br>注意：检查驾驶室要按从上到下、从左到右、从前到后的顺序进行 |

（续）

| 步骤 | 相关动作 | 服务顾问与客户对话 | 备注 |
| --- | --- | --- | --- |
| 第二步<br>记录基本信息，检查驾驶室 | 记录基本信息；铺设六件套；邀请客户到副驾驶座；邀请客户一起检查车辆前后灯光情况 | **李新：**非常好！接下来请小张和您一起配合我检查一下车辆灯光的情况，您看好吗？<br>**刘女士：**好的，没问题。<br>**张华：**刘女士，您请下车，我来为您开车门，下车请当心！我们一起查看灯光使用情况，您请！<br>灯光准备！近光灯、远光灯、示宽灯、日间行车灯、警示灯（双闪）、雾灯、制动灯、倒车灯、转向灯。刘女士，经检查确认，您爱车左前远光灯不亮。<br>**李新：**刘女士，车左前远光灯不亮的情况，您之前有发现吗？<br>**刘女士：**有发现，为什么会出现这种情况？<br>**李新：**您左前远光灯不亮可能的原因是前照灯的灯光拨杆开关、前照灯LED控制模块、继电器、远光灯相关线路或连接器等损坏造成的，稍后我们会为您的爱车做详细检查，并根据检查结果进行维修。您看，好吗？<br>**刘女士：**好的<br>**李新：**接下来，我们将检查车外，从车辆左前方开始，您请！ | 注意：配合做灯光检查 |
| 第三步<br>与客户一同进行六方位检查车辆外观 | 离车1m以内，按照顺时针方向检查车辆外观；有缺陷时，建议维修；请客户在接车预检单上签字 | 一位：车辆左前方<br>**李新：**检查车辆左前方，左前门、后视镜、左前翼子板无划痕、无漆伤、无凹陷；左前轮胎磨损正常，轮饰盖完好；左前刮水器无老化、无裂纹。记录！<br>二位：车辆正前方和发动机舱<br>**李新：**我们看一下车辆的正前方，检查前风窗玻璃、前机舱盖、车标、车牌、前保险杠、进气格栅、两侧前照灯灯罩，无划痕、无漆伤、无凹陷，均是完好的，记录！接下来由小张为您检查发动机舱内。<br>**张华：**刘女士，我将打开前机舱，请您当心！您看机舱内布满灰尘，保养完后我们会为您免费清洁，您可以放心！这款车是油电混合车，发动机舱内分两部分，左边部分是传统的机油车部分，右边部分是新能源部分，建议您在没有做好防护的情况，不要打开机舱盖，以免发生危险。<br>检查油液的使用情况，检查玻璃水液位，制动液液位，正常；检查机油使用情况，刘女士，您看，机油液位正常，但颜色已经发黑，在稍后保养过程中，我们会更换机油，请放心！检查电驱动变速器冷却液膨胀水箱液位，经检查，电驱动变速器冷却液膨胀水箱液位低于标准下限。<br>**刘女士：**为什么会出现这种情况？怎么解决？ | 注意：车辆外表过脏时，要告知客户，简单清洗后再检查<br><br>注意：按车辆顺时针方向检查。一位：左前方；二位：正前方和发动机舱；三位：右前方；四位：右后方；五位：正后方和行李舱；六位：左后方<br><br>注意：发动机舱和行李舱必须由技术顾问张华戴绝缘手套，穿绝缘鞋检查 |

（续）

| 步骤 | 相关动作 | 服务顾问与客户对话 | 备注 |
|---|---|---|---|
| 第三步<br>与客户一同进行六方位检查车辆外观 | 离车 1m 以内，按照顺时针方向检查车辆外观；有缺陷时，建议维修；请客户在接车预检单上签字 | **张华：**造成您车辆电驱动变速器冷却液液位低的可能原因是冷却水管、管夹、散热器、冷却泵、膨胀水箱及盖、电驱动变速器、电力电子箱等有渗漏，稍后我们会为您的爱车做详细检查，根据检查结果进行维修，并将电驱动变速器冷却液加到正常刻度。<br>**刘女士：**那这款车有几个冷却系统？<br>**张华：**这辆车有三个冷却系统：发动机冷却系统、电驱动变速器和电力电子箱冷却系统、动力电池冷却系统。您看，我的回答您清楚了吗？<br>**刘女士：**清楚了。<br>**张华：**我们接着检查，检查油路管路，无泄漏现象；检查软管传动带，无老化现象，正常。记录。检查电力电子箱、高压线束、接头，无松动无漏电现象，正常。刘女士，您在平常使用爱车时，有什么问题吗？<br>**刘女士：**曾在暴雨中到山区行驶过，路段颠簸。<br>**张华：**有多长时间了？<br>**刘女士：**就在昨天，所以我今天赶紧来看看车。<br>**张华：**当时车辆涉水深吗？<br>**刘女士：**不深。<br>**张华：**车辆感觉到异常了吗？<br>**刘女士：**没有感觉到。<br>**张华：**可以看出您非常爱护您的车辆，稍后我们将会对车辆底盘及新能源部分做着重检查，对四个轮胎做着重检查，根据检查结果进行维修。由于爱车在颠簸路面行驶过，为了用车安全，建议您此次做一下轮胎的动平衡和四轮定位，价格 200 元，你看是否需要呢？<br>**刘女士：**做一下吧，你一定要好好给我检查一下。<br>**张华：**您放心！我们一定会好好检查的。前机舱已经检查完毕，请问您还有其他问题吗？<br>**刘女士：**没有了。<br>**张华：**我将关闭前机舱盖，您请当心！<br>三位：车辆右前方<br>**李新：**检查车辆右前方：右前车门、后视镜、右前翼子板无划痕，无漆伤，无凹陷；右前轮胎磨损正常，轮视盖完好；右前刮水器无老化，无裂纹；右前座椅无破损；安全带锁止锁扣正常；车门储物格无物品。记录！<br>四位：车辆右后方<br>**李新：**检查车辆右后方：右后车门、右后翼子板、充电口盖，无划痕，无漆伤，无凹陷；右后轮胎磨损 | 注意：发现车辆缺陷，建议增补或修复，并请客户在接车预检单上签字<br><br>注意：环车检查时，在适当时候询问客户车辆使用状况及存在的问题，并做好记录<br><br>注意：环车检查时，在适当时候询问客户车辆保养后的使用打算，并做好记录 |

（续）

| 步骤 | 相关动作 | 服务顾问与客户对话 | 备注 |
|---|---|---|---|
| 第三步<br>与客户一同进行六方位检查车辆外观 | 离车 1m 以内，按照顺时针方向检查车辆外观；有缺陷时，建议维修；请客户在接车预检单上签字 | 正常，轮视盖完好；右后座椅无破损；安全带锁止锁扣正常；车门储物格无物品。记录！<br>五位：车辆正后方和行李舱<br>**李新**：我们看一下车辆的正后方，检查后风窗玻璃、行李舱盖、车标、车牌、后保险杠、两侧尾灯灯罩，无划痕，无漆伤，无凹陷，均是完好的，记录！接下来由小张为您检查行李舱。<br>**张华**：刘女士，我将打开爱车行李舱，请您收好您的贵重物品！<br>检查随车工具、三角警示牌、充电枪、拖车钩、补胎液，刘女士，经检查，爱车充电枪缺失，您之前发现了吗？<br>**刘女士**：哦，充电枪忘带了。<br>**张华**：好的，我已做了记录。为能及时为爱车充电，还是请您随时带在车上。<br>我们继续检查，检查动力电池组、动力电池冷却液、蓄电池等，均正常，记录。行李舱已经检查完成，您还有什么问题？<br>**刘女士**：没有了。<br>**张华**：我将关闭行李舱盖，请当心！<br>六位：车辆左后方<br>**李新**：检查车辆左后方：左后车门、左后翼子板、燃油加注口无划痕，无漆伤，无凹陷；左后轮胎磨损正常，轮视盖完好；左后座椅无破损；安全带锁止锁扣正常；车门储物格无物品。记录！<br>刘女士，车辆检查就结束了，从整个车辆检查情况来看，您爱车保养的还是很不错的。我们来总结一下：爱车此次做 2 万 km 的保养，进行 12+8 项目检查。<br>更换发动机机油、机滤、空调滤芯、空气滤芯，添加燃油系统积炭清洗剂，并需进行电驱动变速器同步器自学习。<br>经检查发现爱车左前远光灯不亮，需维修；电驱动变速器冷却液液位偏低，需添加；行李舱内充电枪缺失。<br>由于您曾在暴雨中到山区行驶过，需要重点检查车辆底盘、新能源部分以及四个轮胎；需要对爱车做一下轮胎动平衡和四轮定位。您看，是这样吗？<br>**刘女士**：是的。<br>**李新**：这是接车预检单，我已做了详细的记录，请您过目。如果没有问题的话，请您签字确认好吗？<br>**刘女士**：好的。 | 注意：接车时要体现“绿芯管家”服务特色、体现专业性人文关怀，进行使用与保养说明 |

（续）

| 步骤 | 相关动作 | 服务顾问与客户对话 | 备注 |
|---|---|---|---|
| 第四步<br>精品推荐 | 根据客户情况，向客户推荐车上精品，到精品展示柜前看实物 | **李新**：刘女士，您保养完后有什么用车打算吗？<br>**刘女士**：准备端午节带孩子回趟农村老家看看老人。<br>**李新**：您真是一个有孝心的人，我们得向您学习。<br>夏天到了，车内的空气比较干燥。小李建议您添加一款车载加湿器，它可以去除您车内的灰尘及异味，同时还拥有 4h 定时喷雾和 8h 间歇喷雾，可以给您和家人一个舒适的驾驶环境。您看这边是我们的精品柜，我们正在搞促销，这款车的加湿器只需要 300 元，很多客户都抢了，您看您是否也加装一个呢？<br>**刘女士**：那好，我也装一个吧。<br>**李新**：好的，我为您记录。<br>**张华**：刘女士，在您出发前，建议您认真检查一下车辆，例如：轮胎气压是否正常、是否充满电、充电枪是否携带等。如果有任何问题，可联系我们，我们还提供宅捷修、宅捷充服务，您只管放心用车，其他的交给我们就好了。<br>**刘女士**：好的，谢谢你们！<br>**李新**：刘女士，接下来请您随我到维修服务顾问台办理一下手续吧，您请！ | 注意：精品推荐一般运用 FAB 法则进行<br>FAB 法则，即属性、作用、益处的法则 |
| 第五步<br>项目确认 | 请客户到维修接待区，核对 DMS 系统中的信息，确认维修项目并签字，引导客户到休息室休息 | **李新**：刘女士，您请坐！我们店有免费的花茶、果汁和咖啡，您看您喜欢喝点什么呢？<br>**刘女士**：果汁吧！<br>**李新**：好的，小张，麻烦您给刘女士来杯果汁。<br>**张华**：打扰一下，刘女士，您的果汁，请慢用！<br>**李新**：这是您的基本信息，您看有变更吗？<br>**刘女士**：没有。<br>**李新**：您此次做的是 2 万 km 的常规保养，更换机油一桶 200 元，机滤一个 50 元，空调滤芯一个 50 元，燃油系统积炭清洗剂一瓶 100 元，电驱动变速器同步器自学习 500 元。<br>维修项目：轮胎动平衡和四轮定位 200 元，添加电驱动变速器冷却液一瓶 100 元，左前照灯不亮维修费用待定。<br>精品项目：车载加湿器 300 元。<br>工时费每小时 100 元，预计 2h 共 200 元。总计费用为 1700 元。<br>另外，免费进行 12+8 项目检查。<br>刘女士，由于我们店最近有特色增值服务——蓝宾会员，您只要一次性消费 1000 元以上，总费用就可打九折优惠，还可享受免预约、免等待、服务上门取送车服务，建议您办理，您看您是否需要呢？<br>**刘女士**：太好了，办理一下吧。<br>**李新**：我们为到店保养的车主提供免费洗车服务， | 注意：为客户提供三种以上饮品供选择<br><br>注意：请客户最后确认本次维修、精品、特色服务增项及预估价格和时间；请客户签字确认 |

（续）

| 步骤 | 相关动作 | 服务顾问与客户对话 | 备注 |
| --- | --- | --- | --- |
| 第五步<br>项目确认 | 请客户到维修接待区，核对 DMS 系统中的信息，确认维修项目并签字，引导客户到休息室休息 | 有人工洗车和机器洗车，您看您是否需要呢？<br>**刘女士**：人工洗车吧。<br>**李新**：好的，我已经记录下了。<br>另外，我再向您介绍一下关于您爱车的索赔问题，客户手册已有一些说明。我们新车的保修期限是 3 年或 10 万 km（以先到达者为准）；关键零部件中的动力电池组、驱动电机、驱动电机控制器、整车控制单元总成提供 8 年或者 12 万 km（以先到达者为准）的质量担保期。厂家的保修索赔政策非常严格，只有发生在保修期内的质量问题才予以索赔，请您平时注意车辆的行驶里程及使用日期，如果有问题及时报修。否则，超出保修期将无法进行保修。当然，我们也会在保修期快结束时给您提醒。您看，您清楚了吗？<br>**李女士**：好的，清楚了。<br>**李新**：你本次维修保养时间为 2h10min，现在是上午十点，预计中午 12 点 10 分完工，在此期间您是否在店等候呢？<br>**刘女士**：在店等吧。<br>**李新**：好的，上午 11 点 30 分，您可以到餐厅免费就餐，您还有什么问题呢？<br>**刘女士**：没有了。<br>**李新**：没有问题的话我将为您打印维修工单。<br>这是维修工单，请您过目，如果没有问题请您在维修工单右下角签字确认。<br>**刘女士**：好的。<br>**李新**：这是您的取车凭证，请您收好。<br>小张，这是刘女士的维修工单，麻烦您去派工。<br>**张华**：好的，刘女士，我将为您爱车派工，您稍作休息，我们待会见，再见！<br>**李新**：刘女士，接下来请您随我去客户休息室休息，您请！<br>请问您的饮品需要续杯吗？<br>**刘女士**：不需要了。<br>**李新**：刘女士，您的左手边是报刊杂志区，右手边是娱乐区，您可以健身、看电影等，您还可以通过前方的落地玻璃窗观看您爱车的保养情况。<br>同时，我也会实时跟进您爱车保养维修进度，每间隔 1h 会向您汇报一次，有任何时间和费用上的变动，我将会在第一时间通知您，并取得您的授权后我们再进行。<br>这里的 WiFi 密码为八个 8。您请随意，我们稍后见。 | 注意：引导客户到休息室落座，提供饮料，并简要介绍功能分区，说明 1h 进度跟进汇报、增项维修确认说明 |

## 四、任务实施

（1）接车准备

由专属服务顾问和技术顾问共同实施接车准备。

做好接车准备，使客户发现一切工作准备有序，“双顾问”在等待着他的光临。这样客户会有一个比较好的心情，而这些恰恰是客户又一次对企业建立信任的良好开端。因此“双顾问”应当具有良好的形象礼仪，并善于与客户进行有效的沟通，体现出对客户的关注与尊重，体现出高水平的业务素质。

1）计算机是否正常连接系统（DMS 系统）、打印机等是否能正常使用。

2）单据准备：接车预检单、维修工单、最终检查单（12+8）。

3）物料准备：六件套、名片、板夹、笔、纸巾、计算器、垃圾筒、白手套、绝缘垫、绝缘手套、绝缘鞋。

4）个人形象 / 状态的准备。

5）预检工位的准备。

6）预约客户提前 1h 通知 / 确认。

（2）按工作计划完成接待流程（略）

## 五、评价反思

（1）学生活动过程评价

见表 3-2。

**表 3-2　学习活动过程评价表**

| 班级 | | 组名 | | 日期 | 年　月　日 |
|---|---|---|---|---|---|
| 专属服务顾问 | | 技术顾问 | | 客户 | |
| 序号 | 评价要点 | | | 配分 | 得分 |
| 1 | 引导客户停车，帮客户开门，礼貌请客户下车 | | | 1 | |
| 2 | 问清来意，专属服务顾问向客户介绍技术顾问，技术顾问递送名片 | | | 1 | |
| 3 | 适当赞美客户，适当推销自己和企业 | | | 1 | |
| 4 | 请客户出示行驶证和车钥匙，提醒客户取走贵重物品，记录基本信息 | | | 1 | |
| 5 | 记录座椅位置，按照规定顺序套好六件套 | | | 1 | |
| 6 | 检查驾驶室，唱检仪表信息并记录 | | | 2 | |
| 7 | 唱检其他信息并记录 | | | 1 | |

（续）

| 班级 | | 组名 | | 日期 | 年 月 日 | |
|---|---|---|---|---|---|---|
| 专属服务顾问 | | | 技术顾问 | | 客户 | |
| 序号 | 评价要点 | | | | 配分 | 得分 |
| 8 | 两选手配合做灯光检查（实做） | | | | 1 | |
| 9 | 一位：检查左前方，唱检左前门、左前翼子板，左前轮胎等主要项目和结果，并记录 | | | | 1 | |
| 10 | 二位：检查正前方，唱检机舱盖、进气栅格、保险杠并记录 | | | | 1 | |
| 11 | 二位：打开机舱盖唱检内部主要项目和结果，并记录（技术顾问） | | | | 4 | |
| 12 | 三位：检查右前方，唱检右前门、右前翼子板，右前轮胎等主要项目和结果，并记录 | | | | 1 | |
| 13 | 四位：检查右后方，唱检右后门、右后翼子板，充电口，右后轮胎等主要项目和结果，并记录 | | | | 1 | |
| 14 | 五位：检查正后方，唱检行李舱盖、后保险杠等主要项目和结果，并记录 | | | | 1 | |
| 15 | 五位：打开行李舱盖检查行李舱内部主要项目和结果，并记录（技术顾问） | | | | 4 | |
| 16 | 六位：检查左后方，唱检左后门、左后翼子板，左后轮胎等主要项目和结果，并记录 | | | | 1 | |
| 17 | 发现车辆缺陷，建议增补或修复，并请客户在预检单上签字 | | | | 4 | |
| 18 | 环车检查时，在适当时候询问客户车辆使用状况及存在问题，并做好记录（车辆问诊） | | | | 3 | |
| 19 | 环车检查时，在适当时候询问客户车辆保养后的使用打算，并做好记录（需求分析） | | | | 3 | |
| 20 | 接车时体现“绿芯管家”服务特色、体现专业性人文关怀，进行使用与保养说明 | | | | 2 | |
| 21 | 根据问诊情况，专业地推荐维修服务增项，并做项目简介和价格预估（推荐维修服务增项一项及以上） | | | | 2 | |
| 22 | 根据用车打算，分析客户需求，专业地推荐精品服务增项，并做项目简介和价格预估（推荐精品服务增项一项及以上） | | | | 2 | |
| 23 | 挖掘潜在需求，提供专业建议，专业地推荐特色服务增项，并做项目简介和价格预估（推荐特色服务增项一项及以上） | | | | 2 | |
| 24 | 应用引导礼，引导客户到维修服务顾问台落座；为客户提供三种以上饮品供选择，并礼貌地递送；确认客户基本信息 | | | | 1 | |
| 25 | 请客户最后确认本次常规保养项目及预估价格和时间 | | | | 1 | |
| 26 | 请客户最后确认本次维修、精品、特色服务增项及预估价格和时间；请客户签字确认 | | | | 1 | |
| 27 | 询问客户电话，引导客户到休息室落座，提供饮料，并简要介绍功能分区，说明 1h 进度跟进汇报、增项维修确认说明 | | | | 2 | |

（续）

| 班级 | | 组名 | | 日期 | 年 月 日 | |
|---|---|---|---|---|---|---|
| 专属服务顾问 | | | 技术顾问 | | 客户 | |
| 序号 | 评价要点 | | | | 配分 | 得分 |
| 28 | 针对客户提出的异议 1，礼貌地倾听客户的问题和异议，进行记录，用通俗、专业语言回答，消除客户疑虑，让客户理解 | | | | 3 | |
| 29 | 针对客户提出的异议 2，礼貌地倾听客户的问题和异议，进行记录，用通俗、专业语言回答，消除客户疑虑，让客户理解 | | | | 3 | |
| 30 | 针对客户提出的异议 2 客户继续追问：礼貌地倾听，进行记录，用通俗、专业语言回答，消除客户疑虑，让客户理解 | | | | 3 | |
| 31 | 着装整洁、正确，符合安全工作规范；仪表端庄，表情和蔼可亲，眼神自然真诚 | | | | 10 | |
| 32 | 指引手势规范，姿态正确，自然大方 | | | | 10 | |
| 33 | 吐字清晰，语速适中，语句流畅 | | | | 5 | |
| 34 | 流程设计完整、流畅 | | | | 10 | |
| 35 | 选手配合默契，任务分工合理 | | | | 5 | |
| 36 | 完美体现“绿芯双管家”的核心服务理念 | | | | 5 | |
| 总 分 | | | | | 100 | |
| 小结建议 | | | | | | |

A □（90～100） B □（70～89） C □（60～69） D □（60 以下）

（2）综合评价

见表 3-3。

**表 3-3 综合评价表**

| 评价项目 | 评价内容 | | | | 自我评价 | 小组评价 | 教师评价 |
|---|---|---|---|---|---|---|---|
| | A | B | C | D | | | |
| 工作态度 | 严谨专注，尽全力克服困难，敢于承担责任，努力改进方法 | 努力克服困难，遇到困难，积极听取各方意见，乐于尝试新方法 | 依据指令，规范操作，能够按要求完成任务，偶有拖延 | 遇到困难时有抱怨，被动完成任务 | | | |
| 学习能力 | 成长意识强，信息捕捉能力强，并能快速转化为能力 | 重视自我完善，信息捕捉能力较强，努力汲取新知识，具备一定的转化能力 | 愿意接收新信息，新知识，重视积累，具备初步的转化能力 | 在他人帮助下，能够学习新的知识，有转化能力 | | | |

（续）

| 评价项目 | 评价内容 | | | | 自我评价 | 小组评价 | 教师评价 |
|---|---|---|---|---|---|---|---|
| | A | B | C | D | | | |
| 自控能力 | 严格遵守学习纪律，严守任务时间，能够调节队友情绪，协调队友观点 | 遵守纪律，按时完成任务，能够控制情绪，积极采纳队友观点 | 有时间观念，服从教师、组长管理，愿意倾听队友意见 | 有迟到早退现象，有违反学习纪律现象 | | | |
| 沟通能力 | 乐于倾听，感情传达准确，观点能够得到队友认可 | 愿意倾听，表达流畅，能够接纳不同观点 | 理解队友，并能够明确地阐述自己的想法 | 能够理解队友的想法 | | | |
| 合作能力 | 理解服从的意义，迅速调整自我情绪，主动推动项目完成 | 服从团队管理，分担团队重要任务 | 尽力服从管理，分担团队基础任务 | 愿意完成自身任务 | | | |
| 6S标准 | 按照 6S 标准进行操作，使用工具正确规范，顺利完成任务 | | | | | | |
| 安全操作 | 严格遵守操作规范，不发生安全事故 | | | | | | |
| 学生自评 | 1. 本人分担的学习任务：<br><br>完成情况：<br><br>2. 本人在本次学习中，解决的问题有：<br><br>仍未解决的问题有： | | | | | | |
| 教师点评 | 1. 表扬的小组是第__组，理由是：<br>2. 对本小组的评价是：<br>3. 表扬的个人有：<br>理由是： | | | | | | |

## 六、巩固与练习

小组讨论下面有关车辆使用与功能的异议该怎样处理？

1）荣威 ei6 有几种驾驶模式？哪种最省油？

2）荣威 ei6 新能源科技动力组成有哪些？

3）荣威 ei6 新能源科技动力表现有哪些？综合油耗是多少？

4）荣威 ei6 六大核心技术是什么？

5）荣威 ei6 互联网科技主要功能有哪些？

6）荣威 ei6 科技配置有哪些？

7）荣威 ei6 主要部件有哪些？

8）EDU 智能电驱包括哪两种电机？

9）PEB 电力电子箱有什么作用？

10）荣威 ei6 组合仪表有哪两种显示风格？

11）荣威 ei6 智能电控有几种混动控制策略？

12）荣威 ei6 有哪几种动力模式？各是怎样工作的？

13）什么是能量回收模式？什么情况下能量不能回收？

14）荣威 ei6 电量管理模式有哪几种？

15）荣威 ei6 保修的条件是什么？

16）荣威 ei6 整车保修期有多长？

17）荣威 ei6 哪些部件有质量担保期？质量担保期为多长时间？

18）荣威 ei6 蓄电池质量担保多长时间？

19）荣威 ei6 为保持高压电压电池包的性能，客户需要定期间隔多长时间进行均衡充电？

20）荣威 ei6 的动力电池组对外界的工作环境温度要求是多少？

21）荣威 ei6 如果长时间不用车，应怎样存放车辆？

22）荣威 ei6 充电的步骤是什么？

23）牵引车辆时应怎样做？

24）车辆涉水后应怎样做？

25）车辆远光灯不亮的原因是什么？

26）电驱动变速器冷却液液位低是怎么回事？

27）荣威 ei6 有几个冷却系统？

28）荣威 ei6 几个冷却系统使用什么型号的冷却液，用量是多少？

29）荣威 ei6 进行充电操作时应注意哪些事项？

30）荣威 ei6 日常维护需要注意哪些事项？

31）荣威 ei6 的“斑马智行”有什么作用？

32）荣威 ei6 电力电子箱和动力电池组的防水级别是多少？分别代表什么意思？

33）荣威 ei6 的动力电池是不是可以直接通过制冷剂散热？

34）荣威 ei6 为什么没有备胎啊？

35）荣威 ei6 配备的补胎液怎么使用？

36）荣威 ei6 这款车的火花塞多长时间需更换？

37）荣威 ei6 配备的行人警示扬声器有什么用？它工作的车速范围是什么？

38）荣威 ei6 跨接起动时有哪些注意事项？

39）荣威 ei6 这款车轮胎是什么型号的？

40）荣威 ei6 在行驶过程中如果轮胎扎了钉子应该如何补胎？

41）荣威 ei6 的能量回收模式有什么好处？

42）荣威 ei6 这款车有这么多高压部件，那我的车在下雨天会不会不太安全呀？

43）是不是在质量担保期内所有的配件都能索赔？

44）荣威 ei6 在使用的时候有什么辅助功能？

45）为什么荣威 ei6 在行驶过程中松开加速踏板有一拽一拽的感觉？

46）制动能量回收有什么功用？

# 任务四 新能源汽车服务流程——维修质检

## 学习情境

新能源汽车服务流程——维修质检 1

新能源汽车服务流程——维修质检 2

2022 年 5 月 13 日，刘女士驾驶一辆上汽荣威 ei6（45T 混动互联智尊版）乘用车，直接来到上汽荣威 4S 店，为爱车做 20000km 的保养维修。“双顾问”已对车辆进行了预检，车辆保养维修项目已确认，刘女士已在维修工单上签字，技术顾问已将车送至车间专属工位，维修技师已做好了维修准备，刘女士在客户休息室休息等待。

## 任务分析

服务顾问在客户签字确认维修工单后，将维修工单交给维修车间。车间维修技术人员根据维修工单的要求，按要求正确使用工具和维修材料，对车辆各系统部件执行高技术的保养和维修，使车辆恢复出厂时的参数，达到质量要求，确保客户的满意。

要想让客户对维修服务工作满意，不仅要保证服务质量，还要保证维修质量，因此所有保养和维修的车辆必须严格进行维修质检。

要做好维修质检工作，服务顾问必须具备维修质检流程环节的各项知识和技能。

## 学习目标

### ★知识目标

1）能描述服务顾问的主要工作职责。

2）能描述在保养维修环节客户的期望。

3）能描述维修和质检作业流程与实施规范。

### ★技能目标

1）能迅速答复客户关于其车辆的保养维修进度情况。

2）能进行保养维修作业进度的监控。

3）能与客户沟通，处理维修服务增项。

4）能对车辆进行交车前的质量检查。

★素养目标

1）培养学生服务意识与沟通能力。

2）培养学生处理问题的能力。

3）通过任务的实施，培养学生团队合作、规范操作及执行6S安全管理规范的能力。

## 学习任务

维修质检车辆，做好交车前的准备工作。

## 一、学习准备

场地准备：模拟上汽集团4S店接待新能源汽车的场地布置。

资料准备：学习资源，学习活动过程评价表及综合评价表。

学生准备：学生分组，角色扮演。

## 二、信息收集

### 1. 车辆维修质检的目的

维修质检环节是售后服务的重点环节。如果说预约、接待、交车、跟踪环节是对客户的服务提供，则可以将维修质检看成是“后勤保障”。

1）确保在规定的时间内按承诺的要求完成维修工作。

2）全程跟踪维修状况，让客户放心、省心。

3）对已完成的工作进行质量控制。

4）确保客户期望的所有工作都已高品质地完成。

### 2. 维修质检环节客户的期望

按预计时间并以专业的方式完成车辆保养维修，并一次将车辆修理好。

1）企业能在一个合理的时间内维修好我的车辆。

2）企业应及时通知我维修项目的变更或额外的必要维护保养项目。

3）企业应及时通知我有关车辆维修完成时间的变更。

4）质量检验有保证，并能有效说明检验成果。

5）维修人员在维修过程中，应保持对我车辆的爱惜及整洁。

### 3. 维修质检环节服务顾问的工作职责

在维修质检作业进行的过程中，服务顾问要跟进车辆的维修进度。这个过程主要是通过看板管理来完成的。

1）专属服务顾问负责维修进度的跟进。

2）技术顾问将车辆送至车间专属工位。如遇疑难故障，则需技术经理支持。

3）若有维修增项，由专属服务顾问和技术顾问及时与客户沟通，说明故障原因，签字确认（技术顾问及客户共同签字）。

4）专属服务顾问每隔 1h 向客户汇报保养维修进度。

### 4. 新能源汽车维修质检流程

新能源汽车维修质检流程如图 4-1 所示，分三个阶段。

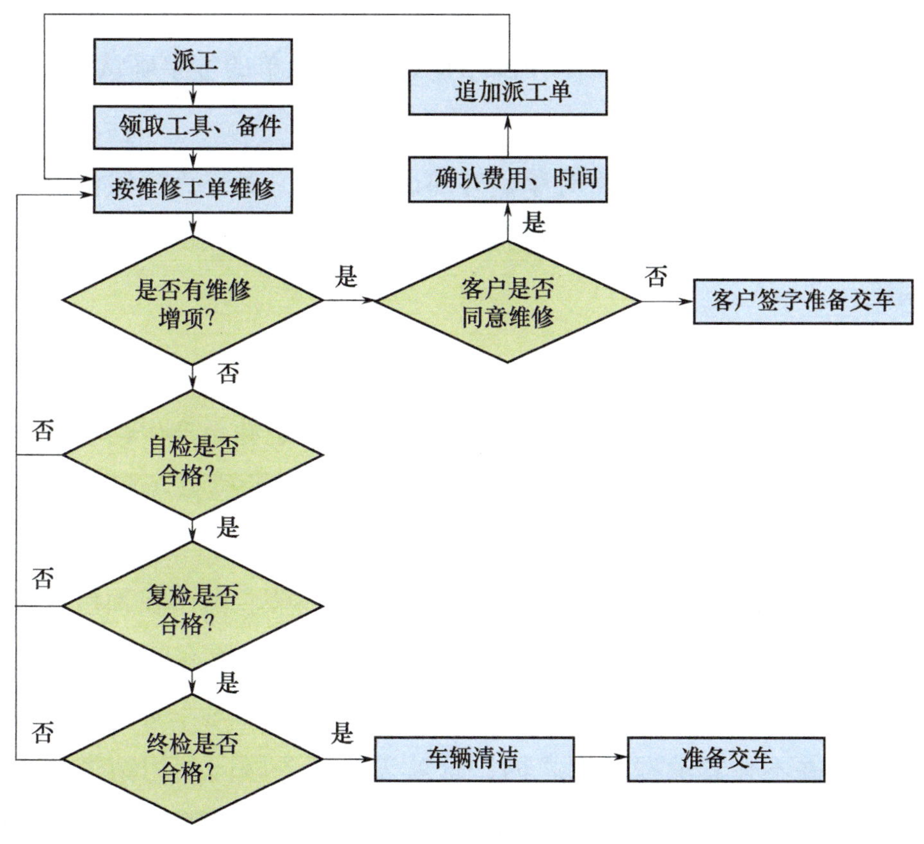


图 4-1 维修质检流程图

（1）维修阶段

1）车间管理人员派工后，要及时录入 DMS 系统和更新看板信息。

2）维修技师应将检查情况及数据等信息完整填写在工单上并签名。

3）维修期间如有维修项目和时间的变更，技术顾问应及时与客户确认后方可进入后续作业。

4）维修技师完成维修后认真填写车辆最终检查单。

5）更换的旧件擦拭干净后放在旧件展示台。

6）工具、设备复位。

（2）质检阶段

1）严格落实维修技术人员自检，维修班组长复检和技术经理终检的三级检验，提高一次修复率。

2）检验时核对维修工单所有维修、检查项目的完成情况。

3）填写返修车处理记录表及返修车月度统计分析表。

4）质检后对于所有车载设备进行复位。

5）核对接车预检单，确保外观无新增损伤。

6）质检过程中完成工单上时间流转的填写及终检单的签字确认。

（3）洗车阶段

维修质检完毕后洗车专员需对车辆外部进行清洗，对于无法清洁的异物需在工单上注明，完成车辆清洁后，及时通知车间派工人员，并落实工单上时间流转的填写确认。

### 5. 维修服务增项的处理

对于正常的维修作业来说，由于维修预检的不确定性，产生增项是很自然的事情。也就是在客户等待期间，维修技师发现有新增的维修项目，或者客户在等待过程中有了新的需求或变化。

维修增项服务是汽车维修作业必不可少的一个环节。由于在预检区技术和时间的限制，服务顾问很难一次性地确诊客户车辆存在的所有问题，有些车辆故障只有在维修技师进一步检查和维修的过程中才能被发现。而从客户的角度而言，这些故障并不在其消费预期之内，这就需要服务顾问利用销售技巧进行沟通，从而使客户满意地做出进行维修的决定。此类服务的销售可以采用 PCFR 的陈述原则，按照 P（问题）→ C（危害）→ F（感受）→ R（建议）的顺序，通过对客户所面临问题紧迫性的分析，促使客户做出维修的决定，从而实现服务的有效增值。

1）Problem：问题，是指客户所面临的问题和困境，服务顾问根据维修技师的建议告诉客户车辆的问题所在。

2）Consequence：危害，是指服务顾问通过对车辆原因的分析，使客户意识到车辆所存在的故障可能给自己带来的严重后果。

3）Feeling：感受，是指服务顾问通过客户直观的感受，强化客户对故障严重性的认识。

4）Resolve：建议，是指服务顾问针对客户车辆故障所提出的解决方式。

举例：在维修过程中，维修技师发现车辆制动片磨损严重，服务顾问可以采用 PCFR 的陈述原则进行服务销售。

P：刚才维修技师对您的爱车进行了进一步的检查，发现您爱车的制动片磨损严重。

C：看来您的制动系统使用频率比较高，这个问题如果不解决的话，会严重影响车的安全性，在紧急情况下，可能由于制动失灵而发生难以想象的后果。

F：您看，制动片已经磨损得超过极限。

R：所以我建议您最好更换一下制动片，以免发生意外。

### 6. 服务变更的处理技巧

服务变更是指服务顾问针对维修过程中可能出现特殊状况，与客户进行沟通，如维修时间延长、备件缺货、设备故障等。服务顾问通过与客户的沟通，达到减少客户抱怨、提高客户满意度的销售目的。

在维修作业过程中也可能发生诸多意料之外的变化，并不是每项服务都能够按照约定如期地完成。例如，备件临时缺货、设备故障、维修延时、疑难故障等都可能导致服务时间发生变更。这些问题的处理虽然与企业利润没有直接关系，但是与客户满意度息息相关。服务顾问处理服务变更要遵循 PCRS 的陈述原则，也就是按照 P（问题）→ C（原因）→ R（解决方式）→ S（意见征询）的陈述顺序，通过如实坦诚的方式，获得客户的信任和理解，实现双赢。

1）Problem：问题，是指服务顾问如实地将服务变更的情况告知客户。

2）Consequence：原因，是指服务顾问把导致这种服务变更的原因向客户进行解释。

3）Resolve：解决方式，是指服务顾问针对服务变更为客户提供解决的方案。

4）Suggest：意见征询，服务的要点在于尊重客户的意愿。因此服务顾问在为客户提出解决方案后，要由客户来决定选择哪一种方式，从而使客户产生被尊重的感觉，在客户心情愉悦的情况下，使客户接受建议并做出决定。

举例：在维修过程中，因维修工具出现了故障，导致交车时间的推迟，服务顾问可以采用 PCRS 的陈述原则进行服务销售。

P：刘女士，真是抱歉，您的交车时间大概要推迟了。

C：我刚才到维修车间了解了一下，有一件专用工具出现了故障，需要维修，而工具库又没有其他类似的专用工具可用。

R：要不，您多等 1h，我已经和别的服务站联系了，准备马上派人去取。

S：您看这样处理可以吗？

## 三、工作计划与决策

根据学习情境资料，将全班同学分组，三人一组（一人扮演客户刘女士，一人扮演专属服务顾问李新，一人扮演技术顾问张华），制订并决策维修过程中出现了维修增项，技术顾问需向客户征询意见的工作计划，按表 4-1 内容完成维修质检流程。

**表 4-1 维修服务增项的处理**

| 步骤 | 相关动作 | 服务顾问与客户对话 | 备注 |
| --- | --- | --- | --- |
| 维修服务增项的处理 | 技术顾问到休息室征询客户意见 | **张华**：刘女士，打扰到您休息了，您爱车左前远光灯不亮的原因已经查出，是由于继电器损坏导致的，需要更换，更换价格为 20 元，时间为 5min，您看您是否考虑更换呢？<br>**刘女士**：好的，更换吧。<br>**张华**：另外，我们对您车辆的底盘及新能源部分着重做了检查，发现从动力电池到电力电子箱的主高压线束有刮擦过的痕迹，我建议更换，以确保您的用车安全！更换价格为 50 元，时间为 10min，您看您是否考虑更换呢？<br>**刘女士**：那就换一下吧。<br>**张华**：好的，感谢您的配合，请您在维修工单背面签字。<br>车辆保养维修正在进行，原定的交车时间会延长 15min，非常抱歉，您继续在这里休息，我将继续跟进您爱车的保养维修进度，有问题会及时和您联系。<br>**刘女士**：好的。 | 注意：向客户解释在车间实际检查中发现的需要维修的内容，就是否维修征求客户意见，确认增补项目；并请客户在工单背面签字 |

## 四、任务实施

刘女士驾驶一辆上汽荣威 ei6（45T 混动互联智尊版）乘用车，直接来到上汽荣威 4S 店，为爱车做 20000km 的保养维修。“双顾问”对车辆进行预检，同客户确认车辆保养维修项目，技术顾问将车送至车间专属工位，车间管理人员进行派工。30min 后，在维修过程中，维修技师发现车辆从动力电池到电力电子箱的主高压线束有刮擦过的痕迹，需要更换，同时，也查出了车辆左前远光灯不亮的原因，技术顾问张华到休息室征询了刘女士的意见。

任务实施过程中，巩固强化接车环节的任务实施。

## 五、评价反思

（1）学习活动过程评价

见表 4-2。

**表 4-2　学习活动过程评价表**

| 班级 | | 组名 | | 日期 | 年　月　日 |
|---|---|---|---|---|---|
| 专属服务顾问 | | 技术顾问 | | 客户 | |
| 序号 | 评价要点 | | | 配分 | 得分 |
| 1 | 引导客户停车，帮客户开门，礼貌请客户下车 | | | 1 | |
| 2 | 问清来意，专属服务顾问向客户介绍技术顾问，技术顾问递送名片 | | | 1 | |
| 3 | 适当赞美客户，适当推销自己和企业 | | | 1 | |
| 4 | 请客户出示行驶证和车钥匙，提醒客户取走贵重物品，记录基本信息 | | | 1 | |
| 5 | 记录座椅位置，按照规定顺序套好六件套 | | | 1 | |
| 6 | 检查驾驶室，唱检仪表信息并记录 | | | 2 | |
| 7 | 唱检其他信息并记录 | | | 1 | |
| 8 | 两选手配合做灯光检查（实做） | | | 1 | |
| 9 | 1 位：检查左前方，唱检左前门、左前翼子板、左前轮胎等主要项目和结果，并记录 | | | 1 | |
| 10 | 2 位：检查正前方，唱检机舱盖、进气栅格、保险杠并记录 | | | 1 | |
| 11 | 2 位：打开机舱盖唱检内部主要项目和结果，并记录（技术顾问） | | | 4 | |

（续）

| 班级 | | 组名 | | 日期 | 年　月　日 |
|---|---|---|---|---|---|
| 专属服务顾问 | | 技术顾问 | | 客户 | |
| 序号 | 评价要点 | | | 配分 | 得分 |
| 12 | 3 位：检查右前方，唱检右前门、右前翼子板、右前轮胎等主要项目和结果，并记录 | | | 1 | |
| 13 | 4 位：检查右后方，唱检右后门、右后翼子板、充电口、右后轮胎等主要项目和结果，并记录 | | | 1 | |
| 14 | 5 位：检查正后方，唱检行李舱盖、后保险杠等主要项目和结果，并记录 | | | 1 | |
| 15 | 5 位：打开行李舱盖检查行李舱内部主要项目和结果，并记录（技术顾问） | | | 4 | |
| 16 | 6 位：检查左后方，唱检左后门、左后翼子板、左后轮胎等主要项目和结果，并记录 | | | 1 | |
| 17 | 发现车辆缺陷，建议增补或修复，并请客户在预检单上签字 | | | 4 | |
| 18 | 环车检查时，在适当时候询问客户车辆使用状况及存在问题，并做好记录（车辆问诊） | | | 3 | |
| 19 | 环车检查时，在适当时候询问客户车辆保养后的使用打算，并做好记录（需求分析） | | | 3 | |
| 20 | 接车时体现“绿芯管家”服务特色、体现专业性人文关怀，进行使用与保养说明 | | | 2 | |
| 21 | 根据问诊情况，专业地推荐维修服务增项，并做项目简介和价格预估（推荐维修服务增项一项及以上） | | | 2 | |
| 22 | 根据用车打算，分析客户需求，专业地推荐精品服务增项，并做项目简介和价格预估（推荐精品服务增项一项及以上） | | | 2 | |
| 23 | 挖掘潜在需求，提供专业建议，专业地推荐特色服务增项，并做项目简介和价格预估（推荐特色服务增项一项及以上） | | | 2 | |
| 24 | 应用引导礼，引导客户到维修服务顾问台落座；为客户提供三种以上饮品供选择，并礼貌地递送；确认客户基本信息 | | | 1 | |
| 25 | 请客户最后确认本次常规保养项目及预估价格和时间 | | | 1 | |
| 26 | 请客户最后确认本次维修、精品、特色服务增项及预估价格和时间；请客户签字确认 | | | 1 | |
| 27 | 询问客户电话，引导客户到休息室落座，提供饮料，并简要介绍功能分区，说明 1h 进度跟进汇报、增项维修确认说明 | | | 2 | |
| 28 | 针对客户提出的异议 1，礼貌地倾听客户的问题和异议，进行记录，用通俗、专业语言回答，消除客户疑虑，让客户理解 | | | 3 | |

（续）

| 班级 | | 组名 | | 日期 | 年 月 日 | |
|---|---|---|---|---|---|---|
| 专属服务顾问 | | | 技术顾问 | | 客户 | |
| 序号 | 评价要点 | | | | 配分 | 得分 |
| 29 | 针对客户提出的异议 2，礼貌地倾听客户的问题和异议，进行记录，用通俗、专业语言回答，消除客户疑虑，让客户理解 | | | | 3 | |
| 30 | 针对客户提出的异议 2 客户继续追问：礼貌地倾听，进行记录，用通俗、专业语言回答，消除客户疑虑，让客户理解 | | | | 3 | |
| 31 | 向客户解释在车间实际检查中发现的需要维修的内容，就是否维修征求客户意见，确认增补项目；并请客户在工单背面签字 | | | | 3 | |
| 32 | 着装整洁、正确，符合安全工作规范；仪表端庄，表情和蔼可亲，眼神自然真诚 | | | | 8 | |
| 33 | 指引手势规范，姿态正确，自然大方 | | | | 10 | |
| 34 | 吐字清晰，语速适中，语句流畅 | | | | 5 | |
| 35 | 流程设计完整、流畅 | | | | 9 | |
| 36 | 选手配合默契，任务分工合理 | | | | 5 | |
| 37 | 完美体现“绿芯双管家”的核心服务理念 | | | | 5 | |
| 总 分 | | | | | 100 | |
| 小结建议 | | | | | | |

A □（90 ~ 100） B □（70 ~ 89） C □（60 ~ 69） D □（60 以下）

（2）综合评价

见表 4-3。

**表 4-3 综合评价表**

| 评价项目 | 评价内容 | | | | 自我评价 | 小组评价 | 教师评价 |
|---|---|---|---|---|---|---|---|
| | A | B | C | D | | | |
| 工作态度 | 严谨专注，尽全力克服困难，敢于承担责任，努力改进方法 | 努力克服困难，遇到困难，积极听取各方意见，乐于尝试新方法 | 依据指令，规范操作，能够按要求完成任务，偶有拖延 | 遇到困难时有抱怨，被动完成任务 | | | |

（续）

| 评价项目 | 评价内容 | | | | 自我评价 | 小组评价 | 教师评价 |
|---|---|---|---|---|---|---|---|
| | A | B | C | D | | | |
| 学习能力 | 成长意识强，信息捕捉能力强，并能快速转化为能力 | 重视自我完善，信息捕捉能力较强，努力汲取新知识，具备一定的转化能力 | 愿意接收新信息，新知识，重视积累，具备初步的转化能力 | 在他人帮助下，能够学习新的知识，有转化能力 | | | |
| 自控能力 | 严格遵守学习纪律，严守任务时间，能够调节队友情绪，协调队友观点 | 遵守纪律，按时完成任务，能够控制情绪，积极采纳队友观点 | 有时间观念，服从教师、组长管理，愿意倾听队友意见 | 有迟到早退现象，有违反学习纪律现象 | | | |
| 沟通能力 | 乐于倾听，感情传达准确，观点能够得到队友认可 | 愿意倾听，表达流畅，能够接纳不同观点 | 理解队友，并能够明确地阐述自己的想法 | 能够理解队友的想法 | | | |
| 合作能力 | 理解服从的意义，迅速调整自我情绪，主动推动项目完成 | 服从团队管理，分担团队重要任务 | 尽力服从管理，分担团队基础任务 | 愿意完成自身任务 | | | |
| 6S标准 | 按照6S标准进行操作，使用工具正确规范，顺利完成任务 | | | | | | |
| 安全操作 | 严格遵守操作规范，不发生安全事故 | | | | | | |
| 学生自评 | 1. 本人分担的学习任务：<br>完成情况：<br>2. 本人在本次学习中，解决的问题有：<br>仍未解决的问题有： | | | | | | |
| 教师点评 | 1. 表扬的小组是第　组，理由是：<br>2. 对本小组的评价是：<br>3. 表扬的个人有：<br>理由是： | | | | | | |

## 六、巩固与练习

### 1. 小组讨论

有关车辆故障问题的异议该怎样处理？

1）为什么要做四轮定位？

2）玻璃清洗液有什么好处？是否可以用矿泉水替代？

3）为什么我的车制动液液位会下降，这与制动片有什么关系？

4）在冬天行车时，没有打开鼓风机，也能感觉到出风口有暖气吹出，正常吗？

5）喷漆后为什么会有灰尘和颗粒物？

6）空调滤芯器的作用是什么？定期更换有什么好处？

7）燃油滤清器的作用是什么？定期更换有什么好处？

8）乙二醇型冷却液的作用是什么？有什么特点？

9）制动液（DOT4）的作用是什么？使用制动液有什么好处？

10）为什么要定期更换制动片？怎样判断是否需要更换制动片？

11）动力转向油有什么作用？

12）自动变速器油的作用是什么？哪种比较好？

13）火花塞的作用是什么？它有什么特点？

14）刮水器片的作用是什么？为什么要定期更换刮水器片？

15）风窗玻璃清洗液的作用是什么？为什么要定期使用风窗玻璃清洗液清洗风窗玻璃？

16）你推荐的轮胎有什么好处呢？

17）发电机传动带的作用是什么？为什么要定期更换发电机传动带？

18）多角度喷阀节气门清洗剂是什么？使用这款产品对车有什么好处呢？

19）自带压力式进气歧管清洗剂的作用是什么？使用这款产品对车有什么好处呢？

20）免拆式喷油嘴清洗剂的作用是什么？定期清洗有什么好处呢？

21）粘附型发动机润滑系统清洗剂的作用是什么？定期清洗有什么好处呢？

22）喷雾式空调通风管清洗剂的作用是什么？定期清洗有什么好处呢？

23）泡沫式蒸发箱清洗剂的作用是什么？定期清洗有什么好处呢？

24）什么是半合成机油？为什么要用这款机油呢？

25）什么是全合成机油？这款机油有什么好处呢？

26）机油滤清器的作用是什么？长期不换机油滤清器会对汽车有什么伤害？

27）空气滤清器的作用是什么？定期更换空气滤清器有什么好处？

### 2. 操作实践

在客户长时间等待过程中，可以向客户提供代用车服务。小组内一人扮演客户，一人扮演服务顾问进行演练。

# 任务五 新能源汽车服务流程——交车

## 学习情境

2022 年 5 月 13 日，刘女士驾驶一辆上汽荣威 ei6（45T 混动互联智尊版）乘用车，直接来到上汽荣威 4S 店，为爱车做 20000km 的保养维修。维修质检流程已完成，服务顾问已做好了交车前的准备工作，准备交车。

新能源汽车服务流程——交车 1

新能源汽车服务流程——交车 2

## 任务分析

交车技能的掌握与否直接关系到服务顾问服务能力的高低。服务顾问要做好交车工作，涉及如何处理完成交车作业、如何处理好客户异议以及相关业务等，因此，服务顾问必须具备交车流程环节的各项知识和技能。

## 学习目标

**★知识目标**

1）能描述在交车环节服务顾问的主要工作职责。

2）能描述在交车环节客户的期望。

3）能描述交车作业的工作流程。

**★技能目标**

1）能向客户展示竣工后的车辆。

2）能向客户解释保养维修项目和费用，处理客户异议。

3）能协助客户完成交款，并进行车辆交接。

4）能处理客户可能产生的抱怨。

5）能向客户建议用车注意事项，体现人文关怀。

6）能送别客户，目送客户离店。

★素养目标

1）培养学生服务意识与沟通能力。

2）培养学生处理问题的能力。

3）通过任务的实施，培养学生团队合作、规范操作及执行 6S 安全管理规范的能力。

## 学习任务

完成交车环节相关工作。

### 一、学习准备

场地准备：模拟上汽集团 4S 店接待新能源汽车的场地布置。

资料准备：学习资源，学习活动过程评价表及综合评价表。

学生准备：学生分组，角色扮演。

### 二、信息收集

#### 1. 交车环节的目的

交车环节是服务顾问最重要的工作之一，顺利完成交车工作，以达到以下目的：

1）通过验车，与客户确认在规定时间内完成的委托工作。

2）通过解释让客户清楚消费，体现企业的诚信。

3）留住真实瞬间，加深印象，提高客户满意度。

#### 2. 交车环节客户的期望

交车环节是对服务顾问工作的大检阅。前期各个流程的工作是否使客户满意，都会在这一环节得到体现。交车时客户所期望的如下：

1）交车时应向我说明所实施的全部维修项目和费用。

2）交车时向我提供车辆将来所需要的维护保养建议。

#### 3. 交车前的准备工作

在交车前，服务顾问要仔细查验车辆维修状况及相关手续，并做好与客户之间的沟通工作，以便顺利交车。

（1）熟悉交车时必须掌握的信息

在进行交车作业前，服务顾问对信息的掌握应满足下列要求：

1）能够认出客户，可以叫出客户的姓，如王先生、刘小姐等。

2）要基本上回忆起在接待过程中为客户做出的服务承诺。

3）要基本可以复述各个维修项目的实施情况以及相应的价格。

4）准备好在交车时需要向客户提醒的关于汽车使用及维护方面的问题。

5）要回顾服务过程中有无不足之处，想好与客户进行沟通的方法。

（2）准备好车辆和相应资料

服务顾问除了掌握相应的信息外，还应准备好车辆和相应资料。

1）根据接车预检单对车辆进行外观确认，确保无新增损坏。

2）对于车辆清洁状况进行确认。

3）根据维修工单、车辆终检单等资料对车辆进行检查，确保保养维修项目保质保量地完成。

4）对车辆设备复位工作进行最终确认并调整。

5）对更换下来的旧件进行确认，做好展示准备。

6）准备好结算单，准备打印。

7）填写并准备好其他交车资料。

8）通知收银员等相关人员做好交车准备。

### 4. 交车环节的工作流程

圆满完成交车工作，使客户满意而去是服务顾问进行交车工作的主要目的，交车工作流程如下。

（1）验车展示

专属服务顾问和技术顾问陪同客户进行验车，进行维修、旧件、清洁展示。如需试车，则由技术顾问陪同客户试车，并作相应的技术讲解。

1）及时通知客户交车时间，并就通知时间及姓名在工单上标注。

2）陪同客户进行车辆成果展示、旧件展示、清洁展示。

3）对照维修工单、车辆终检单逐项逐条对保养维修项目进行解释说明。

4）对预约及相关活动进行推广。

5）请客户在维修工单上签字确认。

（2）费用说明

交车时由专属服务顾问向客户解释结算单，并告知使用注意事项、保修政策、应急应对等注意事项。

1）打印结算单，向客户提供单据。

2）费用说明，说明费用时采用菜单式报价，向客户询问结算方式。

3）请客户在结算单上签字确认。

（3）陪同结账

由专属服务顾问陪同客户结账。

1）专属服务顾问陪同客户至收银处。

2）收银员站立，面带微笑为客户服务。

3）收银员复核费用，打印费用清单。

4）请客户再次核对结算单，并签字确认。

5）付款结账，收银员在工单上作“付讫”标记，交发票和提车联给客户。

6）结账结束后，收银员向客户表示感谢。

（4）送别客户

完成结账后，专属服务顾问和技术顾问陪同客户取车并目送离开。

1）向客户交付相关单据、物品。

2）专属服务顾问邀请客户加手机微信，并介绍专属服务功能及活动项目。

3）当客户面取下防护六件套。

4）告知客户下次保养项目、里程、时间及大概费用。

5）致谢，挥手道别。

（5）归档移交

交车后，专属服务顾问需整理单据、物料。

1）回访方式及时间在工单上做好记录。

2）整理客户本次维修资料，移交至相关部门。

3）更新前台业务看板。

## 三、工作计划与决策

根据学习情境资料，将全班同学分组，三人一组（一人扮演客户刘女士，一人扮演专属服务顾问李新，一人扮演技术顾问张华），制订并决策交车的工作计划，按表 5-1 内容完成交车流程。

表 5-1 交车作业实施过程

| 步骤 | 相关动作 | 服务顾问与客户对话 | 备注 |
| --- | --- | --- | --- |
| 第一步<br>交车准备 | 交车前工作准备 | **李新：**车辆已按时完工，接车预检单、维修工单、最终检查单、行车证、车钥匙、维修手册都已准备妥当。<br>**张华：**我已核对车辆维修项目，维修技师、质检专员、技术经理都已确认签字，我也对竣工车辆进行了自检并清洗。车辆已掉头至客户离店方向。接下来我将邀请客户同我们一起验车。<br>刘女士，让您久等了，现在是上午 12：25，您的爱车已按时完工了，为了检验我们的维修质量，我们将邀请您一同查看您爱车保养后的情况，您看好吗？<br>**刘女士：**好的。 | 注意：礼貌专业地通知客户可以交车 |
| 第二步<br>验车 | 陪同客户顺时针方向查验车辆 | **张华：**请您将取车凭证交给我，带好您的贵重物品，我们一起去看车，您请！<br>我们对您爱车外观及车内进行了清洗，光亮如新，您看您还满意吗？<br>**刘女士：**不错，很满意。<br>**张华：**您本次做的是 2 万 km 的常规保养，保养时更换了机油、机滤、空调滤芯、空气滤芯，添加了燃油系统积炭清洗剂，并进行了电驱动变速器同步器自学习。<br>维修项目有：更换了左前远光灯的继电器；添加了电驱动变速器冷却液；更换了从动力电池到电力电子箱的高压线束；做了轮胎动平衡和四轮定位。<br>精品服务项目添加了车载加湿器，说明书已放到了储物箱内，以后在使用过程中有任何问题都可和我们联系。<br>接下来一起查看一下左前远光灯。您看，灯光已修好；我们再查看一下发动机舱内，机油已更换，您看现在的机油颜色是正常的，液位也是正常的；空气滤清器、空调滤芯已更换，稍后您可以感受一下；电驱动变速器冷却液液位已正常，您可以放心！请问您还有其他问题吗？<br>**刘女士：**好的，我想问一下车辆几个冷却系统使用什么型号的冷却液，用量是多少？<br>**张华：**车辆用的是乙二醇型（OAT 型）冷却液，分别是：<br>1）发动机用 6.4L。<br>2）电力电子箱 / 电驱动变速器 2.8L。<br>3）高压电池（动力电池包）2.8L。<br>刘女士，我的回答您清楚了吗？<br>**刘女士：**清楚了。<br>**张华：**那好，我将关闭发动机舱，您当心！我们继续查验。 | 注意：礼貌规范地邀请客户查看竣工车辆，陪同客户顺时针方向查看 |

（续）

| 步骤 | 相关动作 | 服务顾问与客户对话 | 备注 |
|---|---|---|---|
| 第二步<br>验车 | 陪同客户顺时针方向查验车辆 | **刘女士：**（走到右后方充电口处）小李，问一下当车辆进行充电操作时应注意哪些事项？<br>**李新：**车辆充电要避免在加油站、有易燃气体、液体的地方进行充电；充电受外界温度的影响，低于0℃时充电时间长，下雨天充电应注意遮雨防护，极端天气（雷雨）停止充电；充电时特殊人群（植入式心脏起搏器、心血管除颤器）需要远离车辆，避免因为电磁干扰影响电子设备的正常使用而导致意外发生，充电结束后可放心乘坐、驾驶；车辆充电过程中禁止人员进入车辆内部，更不可以插入钥匙起动车辆。刘女士，我的回答您了解了吗？<br>**刘女士：**了解了。车辆日常维护需要注意哪事项？<br>**李新：**每个月至少使用一次并对车辆进行均衡慢充 5h；高压电池包电量为 10%（仪表电量显示为零）的情况下停放不能超过 7 天；长时间不使用（超过 3 个月）时，请确保高压电池包电量在 50%；车辆应停放在 -10 ~ 30℃的干燥环境温度中，不允许车辆在 45℃以上环境中停放超过 8h，在 -20℃以下环境中停放超过 12h。<br>**刘女士：**好的，我清楚了。<br>**张华：**接下来我将打开爱车行李舱，请当心！您行李舱除了充电枪外，其他工具都在，您可以放心，您还有什么疑问吗？<br>**刘女士：**没有了。<br>**张华：**接下来我将关闭行李舱。<br>**李新：**这是保养维修时更换下来的旧件，您带走还是我们环保处理呢？<br>**刘女士：**你们处理吧。<br>**李新：**好的，非常感谢您对环保事业的支持。<br>刘女士，在这里提醒您关注 ××4S 店的微信公众号，在公众号上我们会经常发一些车辆的使用、维护、安全、充电等方面的小常识等，欢迎您随时咨询。<br>**刘女士：**好的。 | 注意：旧件展示并询问处理方式<br><br>注意：交车时体现“绿芯管家”服务特色，提醒客户关注微信，体现专业性人文关怀，对车辆在使用、维护、安全、充电等方面的注意事项进行简要说明 |
| 第三步<br>费用说明 | 打印结算单，向客户解释费用 | **李新：**请随我到接待台，我为您解释一下收费项目。您此次做的是 2 万 km 保养，常规保养价格为 900 元。维修项目价格为 370 元，精品增项价格为 300 元精品，工时费总共为 200 元，总计费用 1770 元。由于您办理了我们店的特色增值服务——蓝宾会员，一次性消费 1000 元以上，总费用就可打九折优惠，所以您此次消费总计 1593 元，请您核对一下账单，您看您还有什么疑问吗？<br>**刘女士：**没有问题。<br>**李新：**没有问题的话，我将为您打印结算单，请您过目，并在结算单上确认签字。 | 注意：礼貌地请客户核对结算单，并在结算单上签字 |

（续）

| 步骤 | 相关动作 | 服务顾问与客户对话 | 备注 |
| --- | --- | --- | --- |
| 第四步<br>陪同结账 | 陪同客户至收银台，办理结账手续 | **李新：**接下来我带您去收银台结账，您请。<br>这是我们店收银员小张。小张，这是我们尊贵的客户刘女士，这是刘女士结算单，麻烦您办理一下。<br>**小张：**刘女士，您好！欢迎您的光临，您此次消费总计 1593 元，请问您的结算方式是刷卡、付现还是微信、支付宝？<br>**刘女士：**刷卡吧。<br>**小张：**好的，请输入您银行卡的密码，结算成功，谢谢您！这是您的发票和出门证，请收好，祝您用车愉快，期待您的下次光临，再见。 | |
| 第五步<br>送别客户 | 送别客户，目送客户离开 | **李新：**为了检验维修保养效果以及更好地服务于您，我们会在三个工作日内对您进行回访，您看在什么时间用什么方式回访您合适呢？<br>**刘女士：**下班时间用微信吧。<br>**李新：**好的，我已经记录下了。<br>如果您在用车过程中有任何问题，都可以通过微信或电话与我们联系。由于您是我们蓝宾会员，还可享受免预约、免等待、服务上门取送车等，我们一定竭诚为您服务。<br>这是您的保养手册、车钥匙、行驶证，请您收好。<br>另外，建议您下次保养时间为半年后或者行驶到 3 万 km 时（以哪个先到为准），我为您准备好了保养提示贴，方便我为爱车贴上吗？<br>**刘女士：**好的，贴上吧。<br>**李新：**我将打开车门，取下防护用品。<br>刘女士，您爱车的保养就全部结束了，您对我们的服务是否满意？可以通过微信公众号进行评价，希望您提出宝贵意见，您的建议就是我们前进的最大的动力。<br>您请上车，非常感谢您对上汽爱民售后服务中心的信任，现在是上班高峰期，您路上注意安全，期待您的下次光临，再见！<br>**小张：**再见！ | 注意：感谢客户光临，礼貌地询问对于本次服务的满意程度，并与客户道别，行目送礼目送客户开车远去 |

## 四、任务实施

刘女士驾驶一辆上汽荣威 ei6（45T 混动互联智尊版）乘用车，直接来到上汽荣威 4S 店，为爱车做 20000km 的保养维修。“双顾问”对车辆进行预检，同客户一起确认车辆保养维修项目，技术顾问将车送至车间专属工位，车辆已按时维修质检完成，现需要邀请客户一同验车并办理交车手续，最后送别客户并目送客户离开。

任务实施过程中，巩固强化接车、维修质检环节的任务实施。

## 五、评价反思

（1）学习活动过程评价

见表 5-2。

表 5-2 学习活动过程评价表

| 班级 | | 组名 | | 日期 | 年 月 日 |
|---|---|---|---|---|---|
| 专属服务顾问 | | 技术顾问 | | 客户 | |
| 序号 | 评价要点 | | | 配分 | 得分 |
| 1 | 引导客户停车，帮客户开门，礼貌请客户下车 | | | 1 | |
| 2 | 问清来意，专属服务顾问向客户介绍技术顾问，技术顾问递送名片 | | | 1 | |
| 3 | 适当赞美客户，适当推销自己和企业 | | | 1 | |
| 4 | 请客户出示行驶证和车钥匙，提醒客户取走贵重物品，记录基本信息 | | | 1 | |
| 5 | 记录座椅位置，按照规定顺序套好六件套 | | | 1 | |
| 6 | 检查驾驶室，唱检仪表信息并记录 | | | 2 | |
| 7 | 唱检其他信息并记录 | | | 1 | |
| 8 | 两选手配合做灯光检查（实做） | | | 1 | |
| 9 | 1 位：检查左前方，唱检左前门、左前翼子板，左前轮胎等主要项目和结果，并记录 | | | 1 | |
| 10 | 2 位：检查正前方，唱检机舱盖、进气栅格、保险杠并记录 | | | 1 | |
| 11 | 2 位：打开机舱盖唱检内部主要项目和结果，并记录（技术顾问） | | | 4 | |
| 12 | 3 位：检查右前方，唱检右前门、右前翼子板，右前轮胎等主要项目和结果，并记录 | | | 1 | |
| 13 | 4 位：检查右后方，唱检右后门、右后翼子板，充电口，右后轮胎等主要项目和结果，并记录 | | | 1 | |
| 14 | 5 位：检查正后方，唱检行李舱盖、后保险杠等主要项目和结果，并记录 | | | 1 | |
| 15 | 5 位：打开行李舱盖检查行李舱内部主要项目和结果，并记录（技术顾问） | | | 4 | |
| 16 | 6 位：检查左后方，唱检左后门、左后翼子板，左后轮胎等主要项目和结果，并记录 | | | 1 | |
| 17 | 发现车辆缺陷，建议增补或修复，并请客户在预检单上签字 | | | 4 | |

（续）

| 班级 | | 组名 | | 日期 | 年 月 日 |
|---|---|---|---|---|---|
| 专属服务顾问 | | 技术顾问 | | 客户 | |
| 序号 | 评价要点 | | | 配分 | 得分 |
| 18 | 环车检查时，在适当时候询问客户车辆使用状况及存在问题，并做好记录（车辆问诊） | | | 3 | |
| 19 | 环车检查时，在适当时候询问客户车辆保养后的使用打算，并做好记录（需求分析） | | | 3 | |
| 20 | 接车时体现“绿芯管家”服务特色、体现专业性人文关怀，进行使用与保养说明 | | | 2 | |
| 21 | 根据问诊情况，专业地推荐维修服务增项，并做项目简介和价格预估（推荐维修服务增项一项及以上） | | | 2 | |
| 22 | 根据用车打算，分析客户需求，专业地推荐精品服务增项，并做项目简介和价格预估（推荐精品服务增项一项及以上） | | | 2 | |
| 23 | 挖掘潜在需求，提供专业建议，专业地推荐特色服务增项，并做项目简介和价格预估（推荐特色服务增项一项及以上） | | | 2 | |
| 24 | 应用引导礼，引导客户到维修服务顾问台落座；为客户提供三种以上饮品供选择，并礼貌地递送；确认客户基本信息 | | | 1 | |
| 25 | 请客户最后确认本次常规保养项目及预估价格和时间 | | | 1 | |
| 26 | 请客户最后确认本次维修、精品、特色服务增项及预估价格和时间；请客户签字确认 | | | 1 | |
| 27 | 询问客户电话，引导客户到休息室落座，提供饮料，并简要介绍功能分区，说明 1h 进度跟进汇报、增项维修确认说明 | | | 2 | |
| 28 | 针对客户提出的异议 1，礼貌地倾听客户的问题和异议，进行记录，用通俗、专业语言回答，消除客户疑虑，让客户理解 | | | 3 | |
| 29 | 针对客户提出的异议 2，礼貌地倾听客户的问题和异议，进行记录，用通俗、专业语言回答，消除客户疑虑，让客户理解 | | | 3 | |
| 30 | 针对客户提出的异议 2 客户继续追问：礼貌地倾听，进行记录，用通俗、专业语言回答，消除客户疑虑，让客户理解 | | | 3 | |
| 31 | 向客户解释在车间实际检查中发现的需要维修的内容，就是否维修征求客户意见，确认增补项目，并请客户在工单背面签字 | | | 3 | |
| 32 | 口述准备好预检单、工单、最终检查单、车钥匙及行驶证 | | | 1 | |
| 33 | 口述交车前对竣工车辆自检情况及结果，表示可以交车（技术顾问） | | | 1 | |
| 34 | 礼貌专业地通知客户可以交车 | | | 1 | |
| 35 | 礼貌规范地邀请客户查看竣工车辆，陪同客户顺时针方向查看 | | | 1 | |
| 36 | 向客户解释常规保养项目；告知已为其洗车，让客户满意 | | | 2 | |

（续）

| 班级 | | 组名 | | 日期 | 年　月　日 |
|---|---|---|---|---|---|
| 专属服务顾问 | | 技术顾问 | | 客户 | |
| 序号 | 评价要点 | | | 配分 | 得分 |
| 37 | 向客户解释维修服务项目 | | | 2 | |
| 38 | 向客户解释精品服务项目，查看增补精品，让客户满意 | | | 1 | |
| 39 | 打开机舱进行项目说明（技术顾问） | | | 1 | |
| 40 | 打开行李舱进行项目说明（技术顾问） | | | 1 | |
| 41 | 旧件展示并询问处理方式 | | | 1 | |
| 42 | 交车时体现“绿芯管家”服务特色，提醒客户关注微信，体现专业性人文关怀，对车辆在使用、维护、安全、充电等方面的注意事项进行简要说明 | | | 3 | |
| 43 | 陪客户至维修服务顾问台落座，针对结算单向客户解释，并核对常规、维修、精品、特色服务收费项目，尊重客户的知情权，消除客户在价格上的疑虑，让客户明白消费、满意而归 | | | 3 | |
| 44 | 礼貌地请客户核对结算单，并在结算单上签字 | | | 1 | |
| 45 | 陪同客户至收银处（一人扮演收银员），礼貌地请客户按结算单结账、付款、交接发票和出门证 | | | 1 | |
| 46 | 当面取下车辆防护用品，向客户建议下次保养时间，并征得客户同意，张贴保养提醒贴 | | | 1 | |
| 47 | 向客户解释回访的目的，征求并确认回访时间，规范礼貌地引导客户上车 | | | 1 | |
| 48 | 感谢客户光临，礼貌地询问对于本次服务的满意程度，并与客户道别，行目送礼目送客户开车远去 | | | 1 | |
| 49 | 针对客户提出的异议 3，礼貌地倾听客户的问题和异议，进行记录，用通俗、专业语言回答，消除客户疑虑，让客户理解 | | | 3 | |
| 50 | 针对客户提出的异议 4，礼貌地倾听客户的问题和异议，进行记录，用通俗、专业语言回答，消除客户疑虑，让客户理解 | | | 3 | |
| 51 | 针对客户提出的异议 4 客户继续追问：礼貌地倾听，进行记录，用通俗、专业语言回答，消除客户疑虑，让客户理解 | | | 3 | |
| 52 | 着装整洁、正确，符合安全工作规范；仪表端庄，表情和蔼可亲，眼神自然真诚 | | | 2 | |
| 53 | 指引手势规范，姿态正确，自然大方 | | | 2 | |
| 54 | 吐字清晰，语速适中，语句流畅 | | | 1 | |
| 55 | 流程设计完整、流畅 | | | 2 | |
| 56 | 选手配合默契，任务分工合理 | | | 2 | |
| 57 | 完美体现“绿芯双管家”的核心服务理念 | | | 1 | |

（续）

| 班级 | | 组名 | | 日期 | 年 月 日 |
|---|---|---|---|---|---|
| 专属服务顾问 | | 技术顾问 | | 客户 | |
| 序号 | 评价要点 | | | 配分 | 得分 |
| 总 分 | | | | 100 | |
| 小结建议 | | | | | |

A □（90～100） B □（70～89） C □（60～69） D □（60 以下）

（2）综合评价

见表 5-3。

**表 5-3 综合评价表**

| 评价项目 | 评价内容 | | | | 自我评价 | 小组评价 | 教师评价 |
|---|---|---|---|---|---|---|---|
| | A | B | C | D | | | |
| 工作态度 | 严谨专注，尽全力克服困难，敢于承担责任，努力改进方法 | 努力克服困难，遇到困难，积极听取各方意见，乐于尝试新方法 | 依据指令，规范操作，能够按要求完成任务，偶有拖延 | 遇到困难时有抱怨，被动完成任务 | | | |
| 学习能力 | 成长意识强，信息捕捉能力强，并能快速转化为能力 | 重视自我完善，信息捕捉能力较强，努力汲取新知识，具备一定的转化能力 | 愿意接收新信息，新知识，重视积累，具备初步的转化能力 | 在他人帮助下，能够学习新的知识，有转化能力 | | | |
| 自控能力 | 严格遵守学习纪律，严守任务时间，能够调节队友情绪，协调队友观点 | 遵守纪律，按时完成任务，能够控制情绪，积极采纳队友观点 | 有时间观念，服从教师、组长管理，愿意倾听队友意见 | 有迟到早退现象，有违反学习纪律现象 | | | |
| 沟通能力 | 乐于倾听，感情传达准确，观点能够得到队友认可 | 愿意倾听，表达流畅，能够接纳不同观点 | 理解队友，并能够明确地阐述自己的想法 | 能够理解队友的想法 | | | |
| 合作能力 | 理解服从的意义，迅速调整自我情绪，主动推动项目完成 | 服从团队管理，分担团队重要任务 | 尽力服从管理，分担团队基础任务 | 愿意完成自身任务 | | | |
| 6S 标准 | 按照 6S 标准进行操作，使用工具正确规范，顺利完成任务 | | | | | | |

（续）

| 评价项目 | 评价内容 | | | | 自我评价 | 小组评价 | 教师评价 |
|---|---|---|---|---|---|---|---|
| | A | B | C | D | | | |
| 安全操作 | 严格遵守操作规范，不发生安全事故 | | | | | | |
| 学生自评 | 1. 本人分担的学习任务：<br><br>完成情况：<br><br>2. 本人在本次学习中，解决的问题有：<br><br>仍未解决的问题有： | | | | | | |
| 教师点评 | 1. 表扬的小组是第　组，理由是：<br>2. 对本小组的评价是：<br>3. 表扬的个人有：<br>理由是： | | | | | | |

## 六、巩固与练习

1）如何处理客户的价格异议？

2）操作实践：在结账时，客户问服务顾问“这次保养费用怎么这么高？能不能便宜点？”小组内一人扮演客户，一人扮演服务顾问进行演练。

# 任务六 新能源汽车服务流程——跟踪回访

## 学习情境

2022 年 5 月 13 日，刘女士驾驶一辆上汽荣威 ei6（45T 混动互联智尊版）乘用车到上汽荣威 4S 店进行了 20000km 的保养维修。第二天，4S 店的客服部小胡跟踪回访了刘女士。

新能源汽车服务流程——跟踪回访 1

新能源汽车服务流程——跟踪回访 2

## 任务分析

跟踪回访是维修服务流程中的最后一道环节，对来店客户进行跟踪回访是企业获得信息反馈、培养客户忠诚的重要任务。要做好跟踪回访工作，处理好投诉事件，服务顾问必须具备跟踪回访流程环节的各项知识和技能。

## 学习目标

### ★知识目标

1）能描述进行客户跟踪回访的目的。

2）能描述服务顾问在跟踪回访环节的主要工作职责。

3）能描述在跟踪回访环节客户的期望。

4）能描述跟踪回访作业的工作流程。

### ★技能目标

1）能开展客户跟踪回访业务。

2）能处理一般性投诉事件。

### ★素养目标

1）培养学生服务意识与沟通能力。

2）培养学生处理问题的能力。

## 学习任务

完成客户的跟踪回访相关工作。

## 一、学习准备

场地准备：模拟上汽集团4S店客服中心。

资料准备：学习资源，学习活动过程评价表。

学生准备：学生分组，角色扮演。

## 二、信息收集

### 1. 对客户进行跟踪回访的目的

完成交车工作、送客户离店并不代表服务的结束。跟踪环节重点在于以客户在店维修的信息为基础，通过专业的跟踪回访，确认客户的需求得到满足，让客户感受到企业的持续高效的工作，带给客户尊贵的体验。

1）向客户致谢，表达企业对客户的关心，从而加强客户对企业的印象，增进服务顾问与客户的关系。

2）及时发现掌握企业在服务过程中存在的不足，及时沟通客户不满意之处，消除分歧，避免客户将其不满传播或不再惠顾，提升客户对企业服务的满意度。

3）解答客户在车辆使用过程中的疑难问题，从而使企业的服务具有主动性，有利于企业培养稳定的忠诚客户群。

4）发现新的服务机会，进行新的服务预约，完成企业的闭环服务作业。

### 2. 跟踪回访环节客户的期望

在跟踪回访环节，作为客户，希望在维修后的一个合理时间内，打电话询问是否对维修结果完全满意。

1）在一个合理时间内，给我打电话，给予我所希望的关注。

2）愿意随时为我提供帮助。

### 3. 跟踪回访环节服务顾问的工作职责

跟踪回访体现对客户的关心，更重要的是了解对维修质量、客户接待、收费情况和维修时效性等方面的反馈意见，以利于企业发现不足，改进工作。作为服务顾问，在这一环节的主要工作职责如下。

1）客户完成维修保养 24h 内，专属服务顾问应致电客户询问车辆使用情况并解答客户疑问。

2）客服部回访前回访人员应和专属服务顾问联系，专属服务顾问要提供相应的维修结果及数据，并根据维修保养结果提醒相关使用注意事项、保修政策、应急应对等注意事项。

3）如客户反映相关疑问，回访人员应第一时间通知其专属服务顾问，专属服务顾问对存在维修质量问题的车辆安排返工作业。

4）专属服务顾问根据客户投诉处理单，处理专属服务顾问权限范围内的投诉事件。

### 4. 跟踪回访环节的工作流程

（1）准备工作阶段

1）回访人员按照回访计划表，选择当日应回访客户。

2）利用原始工单回访。

3）使用 DMS 系统查询历史维修状况及当日维修内容。

4）回访登记表等办公用品准备。

5）安静的回访环境。

（2）实施阶段

1）开场白，确认客户信息并告知来电目的。

2）确认客户针对本次服务的满意度。

3）倾听并记录客户反馈的情况，必要时更新 DMS 信息。

4）确认有无其他需求。

5）答疑、安排相关人员解决问题。

6）如有投诉，填写投诉处理表。

7）对客户表示感谢，提醒车辆使用注意事项及下次保养时间，对预约等服务进行推广，和客户告别。

（3）后续处理阶段

1）填写制作售后电话跟踪表，如图 6-1 所示；跟踪处理日报表，如图 6-2 所示；客户投诉处理表，如图 6-3 所示。

上海汽车售后服务中心售后电话跟踪表

ASC名称：________________　　　　　　　　　　　　　　　　日期：____年__月__日

| 回访日期 | 出厂日期 | 车牌 | 车主 | 联系电话 | 行驶里程 | 维修保养项目 | 满意度 | | | 不满意项目 | | | | | | | 处理方案 | 目前状态 | 备注 |
|---|---|---|---|---|---|---|---|---|---|---|---|---|---|---|---|---|---|---|---|
| | | | | | | | 很好 | 较好 | 一般 | 服务态度 | 维修质量 | 维修价格 | 维修时间 | 配件质量 | 配件价格及供应 | 其他 | | | |
| | | | | | | | | | | | | | | | | | | | |
| | | | | | | | | | | | | | | | | | | | |
| | | | | | | | | | | | | | | | | | | | |
| | | | | | | | | | | | | | | | | | | | |
| | | | | | | | | | | | | | | | | | | | |
| | | | | | | | | | | | | | | | | | | | |
| | | | | | | | | | | | | | | | | | | | |
| | | | | | | | | | | | | | | | | | | | |
| | | | | | | | | | | | | | | | | | | | |

图 6–1　售后电话跟踪表

上海汽车售后服务中心售后电话跟踪处理日报表

ASC名称：________________　　　　　　　　　　　　　　　　日期：____年__月__日

| 回访日期 | 出厂日期 | 车牌 | 车主 | 联系电话 | 行驶里程 | 维修保养项目 | 发生的质量问题 | 处理方案 | 内部改进措施 | 负责人 | 目前状态 | 备注 |
|---|---|---|---|---|---|---|---|---|---|---|---|---|
| | | | | | | | | | | | | |
| | | | | | | | | | | | | |
| | | | | | | | | | | | | |
| | | | | | | | | | | | | |
| | | | | | | | | | | | | |
| | | | | | | | | | | | | |
| | | | | | | | | | | | | |
| | | | | | | | | | | | | |
| | | | | | | | | | | | | |

图 6–2　跟踪处理日报表

2）回访信息及时录入 DMS 系统，确保回访及时率。

3）跟进投诉内容，确认投诉内容予以解决，并确认改善后客户满意度。

4）每周将回访情况汇总，并在 DMS 中录入周报表及打印后交至站长审核后存档。

5）每月针对回访发现问题进行分类汇总，并有针对性地填写售后服务中心持续改进表，落实到人。

客户投诉处理表

表编号：　　　　　　　　　　　　　　　　日期：

| 车辆识别号 | | 行驶里程 | | 车型 | |
|---|---|---|---|---|---|
| 车牌号 | | 车主 | | 联系电话 | |
| 售后服务中心名称 | | 售后区域经理 | | 处理状态 | |
| 处理人员 | | 联系方式 | | | |
| 投诉内容及时间： | | | | | |
| 处理方案及理由： | | | | | |
| 最后结果： | | | | | |

注：表编号格式“年+月+序号”　　如20060101（2006年1月份第1个投诉）

图 6–3　客户投诉处理表

## 5. 跟踪回访的注意事项

1）回访专员严格按照电话礼仪的要求，正确问候及称呼对方，询问对方是否有时间接受回访，语言表达要清楚明了，并告知回访所需的大致时间。

2）打电话时为避免客户觉得他的车辆有问题，建议使用标准语言及标准语言顺序，发音要自然、友善。

3）不要讲话太快，一方面给没有准备的客户时间和机会回忆细节，另一方面避免客户觉得你很忙（看着客户上次维修内容与客户交流）。

4）不要打断客户，运用回访登记表的内容，与客户沟通并记下客户的评语，无论批评或表扬，记录在回访登记表中。

5）电话询问客户是否满意。如果因电话号码错误或多次联系不上的原因，记录在回访登记表中。

6）回访专员应识别客户上次维修的内容，用专业的术语与客户进行沟通。

7）回访电话的时间尽可能安排在上午 9：00—11：00，下午 4：00—6：00 之内，回避客户不方便接听电话的时间。

8）如果客户有抱怨，不要找借口搪塞，告诉客户你已记下他的意见，并让客户相信只要他愿意，有关人员将与他联系并解决问题。

9）将跟踪的严重抱怨或多次抱怨情况记录在回访登记表中，并填写客户信息反馈表给相关责任人，按客户信息表中的内容记录服务质量汇总表中，便于及时跟踪相关责任人的处理回复。

10）对客户的不合理要求进行合理解释。

11）每周将回访情况汇总，并在 DMS 中录入周报表，每月针对回访发现问题进行分类汇总，按月进行统计分析，由责任部门分析原因，提出改进措施。

12）可以按照表 6-1 客户回访问卷进行回访。

表 6-1　客户回访问卷

| 序号 | 问题 |
|---|---|
| 1 | 请问您是如何知道应该进行汽车维修 / 保养的？ |
| 2 | 请问您是否知道“绿芯管家”专享服务？ |
| 3 | 请问您是否知道 24h 服务热线，全天候支持客户答疑、服务咨询？ |
| 4 | 请问您是否知道您的专属服务顾问姓名？ |
| 5 | 环检前，专属服务顾问是否向客户介绍了“绿芯管家”“双顾问”服务流程（技术顾问陪同） |
| 6 | 环检时，专属技术顾问是否就车辆状况与客户进行了交流 |
| 7 | 交车时，专属技术顾问是否向客户解释维修项目及车辆使用注意事项（服务顾问陪同） |
| 8 | 专属服务顾问是否与客户一对一微信绑定 |
| 9 | 是否通过微信定期向客户推送车辆保养知识及使用规范等信息 |

## 三、工作计划与决策

根据学习情境资料，将全班同学分组，两人一组（一人扮演客户刘女士，一人扮演回访专员小胡），制订并决策跟踪回访的工作计划，按表 6-2 内容完成跟踪回访流程。

表 6-2 跟踪回访作业实施过程

| 步骤 | 相关动作 | 服务顾问与客户对话 | 备注 |
|---|---|---|---|
| 第一步<br>自报家门 | 拿起听筒，拨打电话 | **小胡：**您好！这里是上海汽车售后服务中心，我是回访专员小胡。<br>**刘女士：**您好！ | 注意：打电话时坐姿端正，面带微笑 |
| 第二步<br>确认对方 | 与客户通话 | **小胡：**请问您是刘 ×× 女士吗？<br>**刘女士：**是的。 | 注意：待对方确认后再进行 |
| 第三步<br>回访确认 | 与客户通话 | **小胡：**非常感谢刘女士选择上汽荣威 ××4S 店，您那部车牌号 ××× 的爱车昨天做了 2 万 km 的保养维修，耽误您几分钟时间做个电话回访，请问您方便吗？<br>**刘女士：**方便。 | 注意：如果客户不方便时，询问客户方便的时间 |
| 第四步<br>关心车况 | 与客户通话，需要记录时记录 | **小胡：**出厂以后您觉得车辆的使用情况怎么样？<br>**刘女士：**挺好的。 | 注意：如果客户反映问题一定要记录 |
| 第五步<br>征求服务意见 | 与客户通话，随时记录 | **小胡：**上次进店进行 2 万 km 的保养是我们店服务人员预约的您吗？<br>**刘女士：**是的。<br>**小胡：**您是否享受到“绿芯管家”专享服务？<br>**刘女士：**享受过，挺好的。<br>**小胡：**您是否知道 24h 服务热线，全天候支持客户答疑、服务咨询？<br>**刘女士：**知道。<br>**小胡：**上次是服务顾问李新和技术顾问张华接待您，请问您对他们的服务态度、接待及时性等感觉还满意吗？<br>**刘女士：**挺满意。<br>**小胡：**环检前，服务顾问为您介绍过“绿芯管家”“双顾问”服务流程吗？<br>**刘女士：**介绍过。<br>**小胡：**环检时，服务顾问就车辆状况与您交流过吗？<br>**刘女士：**哦，交流过。<br>**小胡：**交车时，技术顾问针对维修项目、费用及车辆使用注意事项为您做详细解释了吗？您对他的此项服务如何评价呢？<br>**刘女士：**不错，服务挺好的。<br>**小胡：**您能定期收到您的专属服务顾问为您提供的车辆保养知识及使用规范等信息吗？<br>**刘女士：**能收到。<br>**小胡：**您对本次保养维修质量感觉还满意吗？欢迎您提出宝贵意见。<br>**刘女士：**非常满意！ | 注意：在征求服务意见时，记录客户的原话 |

（续）

| 步骤 | 相关动作 | 服务顾问与客户对话 | 备注 |
|---|---|---|---|
| 第六步<br>结束语 | 感谢客户，挂断电话 | **小胡：**感谢您给我们提出的宝贵意见。我们将及时改进，今后会为您提供更好的服务。<br>非常感谢您接受我的回访，今后用车过程中如需帮助，请拨打我们售后服务中心 24h 服务热线：×××（电话），我们将竭诚为您服务。再见！<br>**刘女士：**好的，再见！ | 注意：在对方挂断电话后再挂断电话 |

## 四、任务实施

（1）回访准备

1）适合打电话的环境。

2）资料准备：回访登记表、电话跟踪表、跟踪处理日报表、客户投诉处理表、原始维修工单及办公用品等。

3）DMS 系统查询历史维修状况及当日维修内容。

4）仪容、仪态准备。

（2）回访实施

角色扮演演练，完成表 6-2 内容。

## 五、评价反思

（1）学习活动过程评价

见表 6-3。

**表 6-3　学习活动过程评价表**

| 班级 | | 组名 | | 日期 | 年　月　日 |
|---|---|---|---|---|---|
| 回访专员 | | | | 客户 | |
| 序号 | 评价要点 | | | 配分 | 得分 |
| 1 | 自我介绍（报自己的姓名和单位） | | | 10 | |
| 2 | 确认对方并礼貌称呼对方，说明通话目的 | | | 5 | |
| 3 | 保养维修信息确认 | | | 5 | |
| 4 | 问客户是否方便接受回访 | | | 5 | |
| 5 | 询问客户车况 | | | 10 | |
| 6 | 征求服务意见 | | | 20 | |
| 7 | 礼貌道别，祝福 | | | 5 | |

（续）

| 班级 | | 组名 | | 日期 | 年 月 日 |
|---|---|---|---|---|---|
| 回访专员 | | | | 客户 | |
| 序号 | 评价要点 | | | 配分 | 得分 |
| 8 | 普通话标准，口齿清楚 | | | 10 | |
| 9 | 语言生动流畅 | | | 10 | |
| 10 | 思路清晰，层次分明 | | | 10 | |
| 11 | 时间安排恰当 | | | 5 | |
| 12 | 精神饱满，激情礼貌 | | | 5 | |
| 总 分 | | | | 100 | |
| 小结<br>建议 | | | | | |

A □（90～100）B □（70～89） C □（60～69）D □（60 以下）

（2）综合评价

见表 6-4。

**表 6-4 综合评价表**

| 评价项目 | 评价内容 | | | | 自我评价 | 小组评价 | 教师评价 |
|---|---|---|---|---|---|---|---|
| | A | B | C | D | | | |
| 工作态度 | 严谨专注，尽全力克服困难，敢于承担责任，努力改进方法 | 努力克服困难，遇到困难，积极听取各方意见，乐于尝试新方法 | 依据指令，规范操作，能够按要求完成任务，偶有拖延 | 遇到困难时有抱怨，被动完成任务 | | | |
| 学习能力 | 成长意识强，信息捕捉能力强，并能快速转化为能力 | 重视自我完善，信息捕捉能力较强，努力汲取新知识，具备一定的转化能力 | 愿意接收新信息，新知识，重视积累，具备初步的转化能力 | 在他人帮助下，能够学习新的知识，有转化能力 | | | |
| 自控能力 | 严格遵守学习纪律，严守任务时间，能够调节队友情绪，协调队友观点 | 遵守纪律，按时完成任务，能够控制情绪，积极采纳队友观点 | 有时间观念，服从教师、组长管理，愿意倾听队友意见 | 有迟到早退现象，有违反学习纪律现象 | | | |
| 沟通能力 | 乐于倾听，感情传达准确，观点能够得到队友认可 | 愿意倾听，表达流畅，能够接纳不同观点 | 理解队友，并能够明确地阐述自己的想法 | 能够理解队友的想法 | | | |

（续）

| 评价项目 | 评价内容 | | | | 自我评价 | 小组评价 | 教师评价 |
|---|---|---|---|---|---|---|---|
| | A | B | C | D | | | |
| 合作能力 | 理解服从的意义，迅速调整自我情绪，主动推动项目完成 | 服从团队管理，分担团队重要任务 | 尽力服从管理，分担团队基础任务 | 愿意完成自身任务 | | | |
| 6S 标准 | 按照 6S 标准进行操作，使用工具正确规范，顺利完成任务 | | | | | | |
| 安全操作 | 严格遵守操作规范，不发生安全事故 | | | | | | |
| 学生自评 | 1. 本人分担的学习任务：<br>完成情况：<br>2. 本人在本次学习中，解决的问题有：<br>仍未解决的问题有： | | | | | | |
| 教师点评 | 1. 表扬的小组是第　组，理由是：<br>2. 对本小组的评价是：<br>3. 表扬的个人有：<br>理由是： | | | | | | |

## 六、巩固与练习

1）小组讨论怎样进行紧急救援服务？

2）操作实践。在跟踪回访过程中，客户说车辆出现问题，如“车辆加速时无力，该怎样解决？”小组内一人扮演客户，一人扮演服务顾问进行演练。

# 任务七 新能源汽车服务流程数智化训练平台简介

## 学习情境

新能源汽车服务流程数智化训练平台简介1

新能源汽车服务流程数智化训练平台简介2

某售后服务企业，为了提高企业获客水平和服务质量，引入了一套数智化平台接待工具。某日，刘女士致电4S店进行车辆保养的预约，4S店专属服务顾问小刘接听了电话，得知刘女士爱车行驶了近80000km，并和刘女士约定好第二天上午十点到店进行8万km保养。第二天上午九点，李新再次和刘女士确认了到店时间。十点，刘女士驾驶爱车直接来到了4S店，已经在等候的技术顾问张华迎上来接待了刘女士，并采用数智化接车工具进行了接待。

## 任务分析

随着互联网技术的发展，更多的数智化工具在汽车售后服务企业被广泛应用。通过软件平台，对客户消费行为画像，进而提升一对一服务的针对性，已经成为汽车售后服务企业的重要手段之一。

## 学习目标

**★知识目标**

1）能描述软件的主要功能。

2）能描述数智化软件在各个环节的工作内容。

3）能描述操作和使用软件的操作流程。

**★技能目标**

1）能正确使用相关软件完成车辆接待工作。

2）能利用软件为客户提供一对一服务。

**★素养目标**

1）培养学生创新意识。

2）培养学生借助软件工具提高服务水平。

## 学习任务

能借助软件完成新能源汽车的服务接待工作。

### 一、学习准备

场地准备：模拟汽车维修连锁前台接待。
资料准备：新能源汽车服务流程数智化训练平台。
学生准备：学生分组，角色扮演。

### 二、信息收集

新能源汽车服务流程数智化训练平台，是驷惠和驷马先公司联合打造的一款 Web 形式的汽修行业专用的训练平台。采用 s-a-a-s 模式，分为 PC 端和移动端，是基于云计算，集数字化、智能化、行业大数据于一体的产教融合训练平台。学生可以进行分组，扮演店长、服务顾问、调度经理、维修技师、库管员、回访员、财务等多个角色，进行新能源汽车服务流程的智能化训练。在实战中，通过平台录入的维修车辆，可以通过工作台来查看。该工作台是一个综合查看的界面，接待进厂的车辆都可以显示出来。通过工作台可以最大化调配利用工位资源；提升维修班组的工作效率；用数字说话，第一时间发现异常并介入调整，步入良性循环，为企业制订策略提供依据。工作台可查看当前在厂车辆的状态和单据数量，可以设置自动刷新时间，如图 7-1 所示。

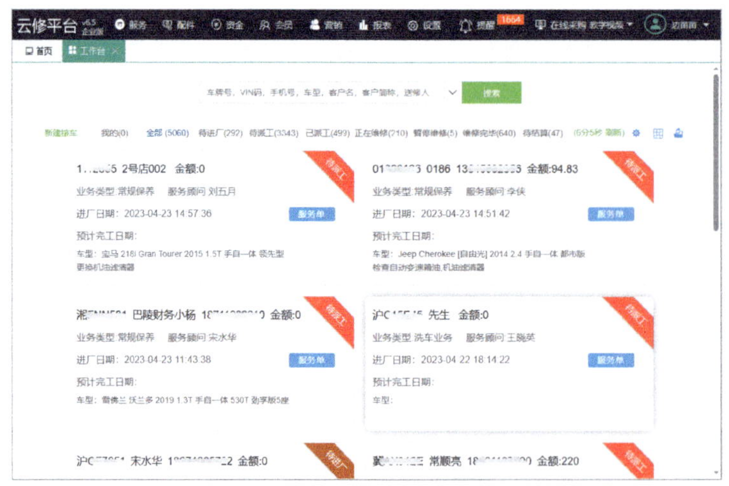


图 7-1　工作台界面

新能源汽车服务流程数智化训练平台，主要分为在线错峰预约、移动接车、电子检车、透明车间、智能库房、聚合结算、智能回访七大管理流程，如图 7-2 所示。

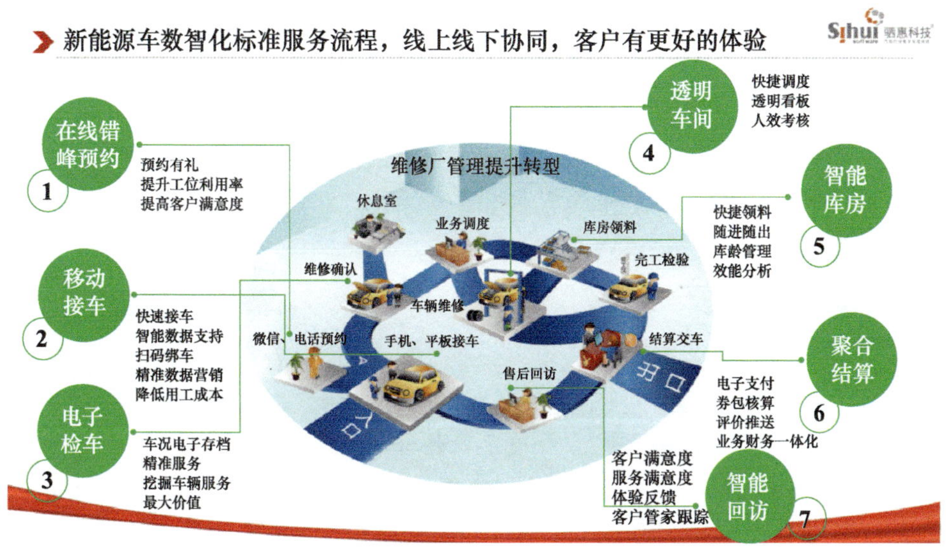


图 7-2　新能源车数智化标准服务流程

### 1. 在线错峰预约

（1）预约单

打开【预约单】页面，页面上显示有星号的为必录字段；输入预约的车牌和客户名称（已登记客户可通过单击【…】选择），填写【预约时间】、【弹性时间】、【预约详情】，选择【预约方式】和业务维修类别。如有预约项目、用料需要增加，可直接在项目与【用料】处添加，最后确认预约。【预约单】如图 7-3 所示。

（2）预约看板

【预约看板】页面以预约单为基础，通过客户的预约日期及时间，可以直观地反映出预约的峰谷时间，区分空闲及忙碌时间，为之后的预约活动提供参考。

同时车间管理人员与服务顾问，基于预约看板，可以及时获得预约信息，提前备工备料，加强部门间的监督与协作能力。通过日期筛选可以查看车辆预约情况。【预约看板】如图 7-4 所示。

图 7-3 预约单

云修平台 预约看板 4月24日 星期一 09:22:20

| 预约进店时间 | 车型 | 车牌号 | 客户姓名 | 联系电话 | 预约业务类别 | 专属服务顾问 | 专属技师 |
|---|---|---|---|---|---|---|---|
| 2023-04-25 09:00:00 | 宝马 730Li 2009 3.0 手自一... | [illegible] | 高[illegible] | 133[illegible]6 | 深度保养 | 王[illegible] | |
| 2023-04-28 17:27:28 | Jeep Cherokee [自由光] 201... | 01[illegible]5 | 0[illegible] | 13[illegible]6 | 改装业务 | [illegible] | |

图 7-4 预约看板

(3)预约单查询

开具预约单据后，想要再次查询单据的信息时，需要在【预约看板】中查询。可通过单据、明细、预约日期筛选预约单，可以对预约单查看原单、终止预约或改期，如图 7-5 所示。

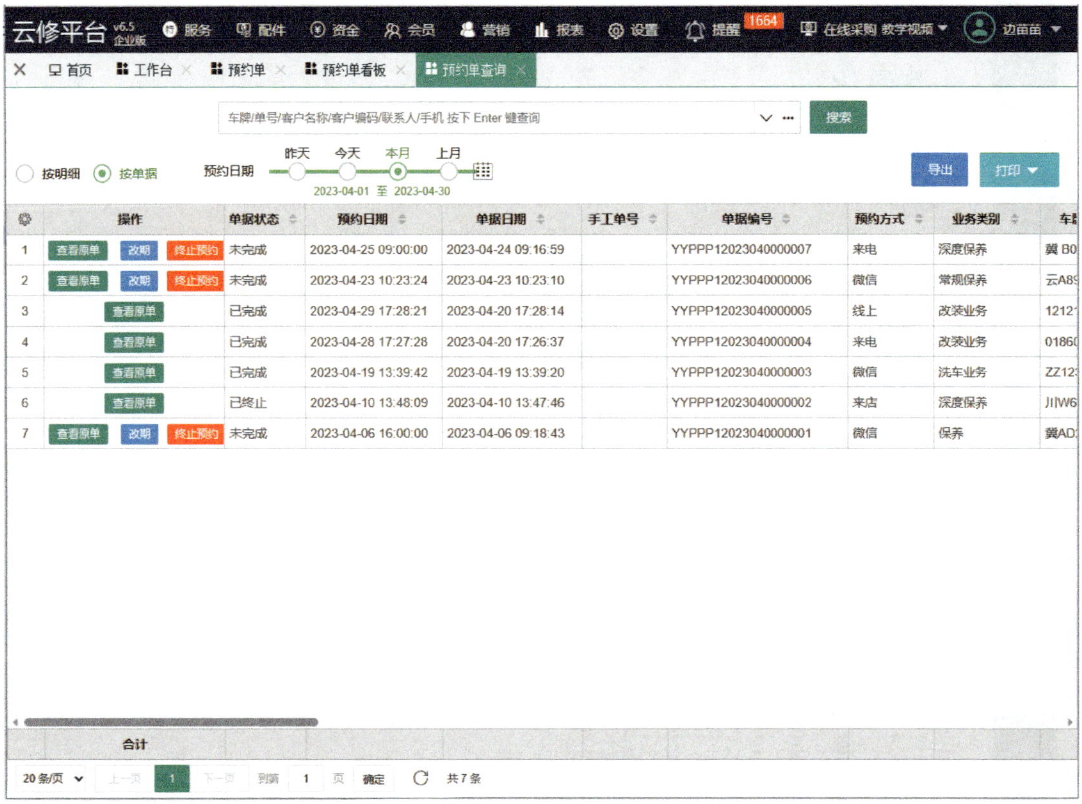

云修平台 v6.5 企业版 服务 配件 资金 会员 营销 报表 设置 提醒 1664 在线采购 教学视频 边苗苗

首页 工作台 预约单 预约单看板 预约单查询

车牌/单号/客户名称/客户编码/联系人/手机 按下 Enter 键查询 搜索

按明细 按单据 预约日期 昨天 今天 本月 上月 2023-04-01 至 2023-04-30 导出 打印

| | 操作 | 单据状态 | 预约日期 | 单据日期 | 手工单号 | 单据编号 | 预约方式 | 业务类别 | 车[illegible] |
|---|---|---|---|---|---|---|---|---|---|
| 1 | 查看原单 改期 终止预约 | 未完成 | 2023-04-25 09:00:00 | 2023-04-24 09:16:59 | | YYPPP12023040000007 | 来电 | 深度保养 | 冀B0 |
| 2 | 查看原单 改期 终止预约 | 未完成 | 2023-04-23 10:23:24 | 2023-04-23 10:23:10 | | YYPPP12023040000006 | 微信 | 常规保养 | 云A8 |
| 3 | 查看原单 | 已完成 | 2023-04-29 17:28:21 | 2023-04-20 17:28:14 | | YYPPP12023040000005 | 线上 | 改装业务 | 1212 |
| 4 | 查看原单 | 已完成 | 2023-04-28 17:27:28 | 2023-04-20 17:26:37 | | YYPPP12023040000004 | 来电 | 改装业务 | 0186 |
| 5 | 查看原单 | 已完成 | 2023-04-19 13:39:42 | 2023-04-19 13:39:20 | | YYPPP12023040000003 | 微信 | 洗车业务 | ZZ12 |
| 6 | 查看原单 | 已终止 | 2023-04-10 13:48:09 | 2023-04-10 13:47:46 | | YYPPP12023040000002 | 来店 | 深度保养 | 川W6 |
| 7 | 查看原单 改期 终止预约 | 未完成 | 2023-04-06 16:00:00 | 2023-04-06 09:18:43 | | YYPPP12023040000001 | 微信 | 保养 | 冀AD |
| | 合计 | | | | | | | | |

20条/页 上一页 1 下一页 到第 1 页 确定 共7条

图 7-5 预约单查询

## 2. 外派调度（需要外派或救援）

【外派调度单】的作用为实现新能源车辆维修业务中外派车或救援业务的规范管理（此模块适用于新能源车辆修理厂及其他涵盖救援业务修理厂使用）。

打开【外派调度单】页面，可以新建【外派调度单】。输入需救援维修的车辆基本信息（【车牌号】、【车型】等）、客户信息（【客户名称】、客户电话等）、故障信息（故障部位、【故障描述】等），救援信息（指派公司、指派维修工、救援地点等）。外派调度单如图 7-6 所示。

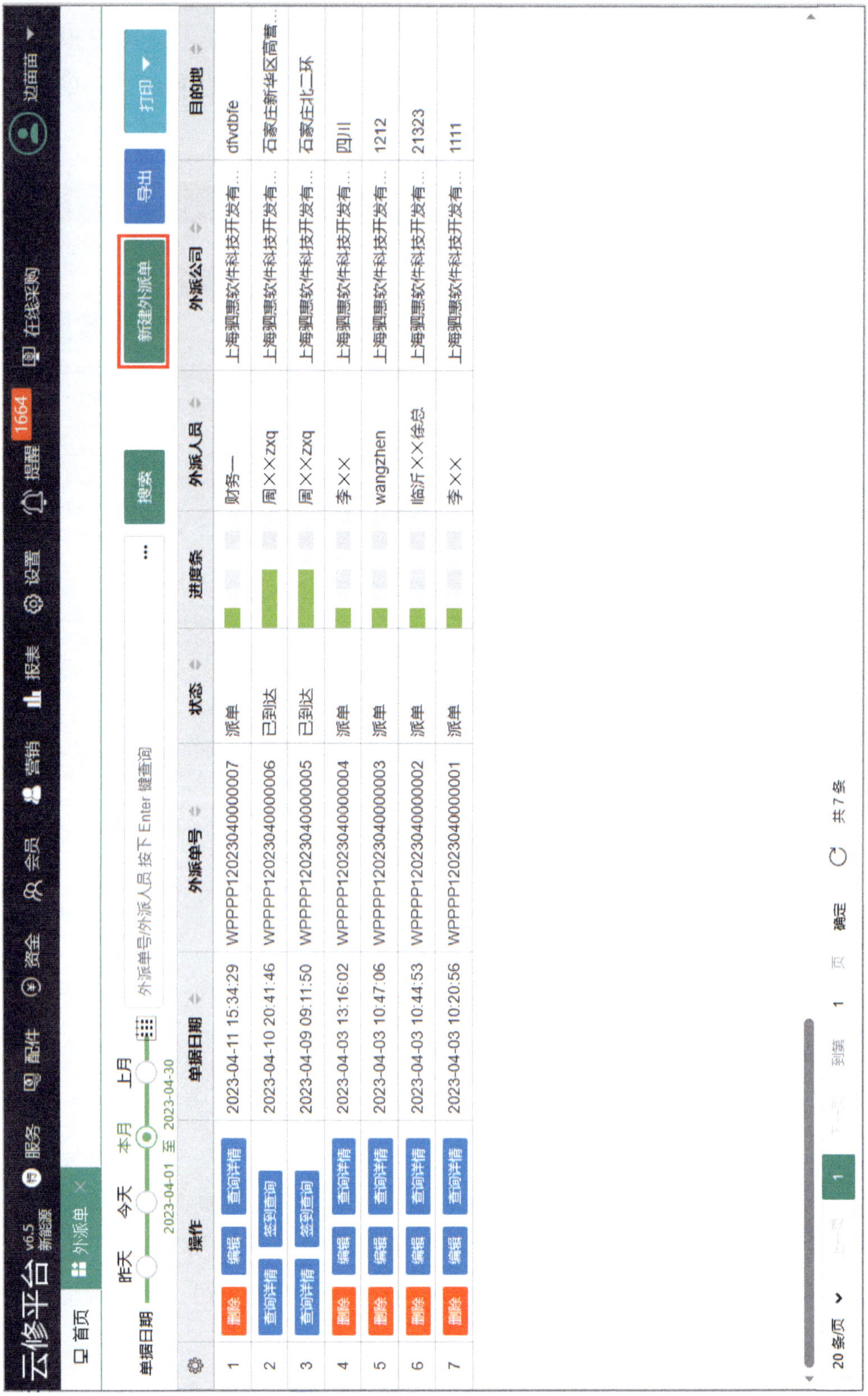

云修平台 v6.5 新能源　服务　配件　资金　会员　营销　报表　设置　提醒 1664　在线采购　边苗苗

首页　外派单

单据日期　昨天　今天　本月　上月　2023-04-01 至 2023-04-30　外派单号/外派人员 按下 Enter 键查询　搜索　新建外派单　导出　打印

| | 操作 | 单据日期 | 外派单号 | 状态 | 进度条 | 外派人员 | 外派公司 | 目的地 |
|---|---|---|---|---|---|---|---|---|
| 1 | 删除 编辑 查询详情 | 2023-04-11 15:34:29 | WPPPP12023040000007 | 派单 | | 财务一 | 上海驷惠软件科技开发有… | dfvdbfe |
| 2 | 查询详情 签到查询 | 2023-04-10 20:41:46 | WPPPP12023040000006 | 已到达 | | 周××zxq | 上海驷惠软件科技开发有… | 石家庄新华区高营… |
| 3 | 查询详情 签到查询 | 2023-04-09 09:11:50 | WPPPP12023040000005 | 已到达 | | 周××zxq | 上海驷惠软件科技开发有… | 石家庄北二环 |
| 4 | 删除 编辑 查询详情 | 2023-04-03 13:16:02 | WPPPP12023040000004 | 派单 | | 李×× | 上海驷惠软件科技开发有… | 四川 |
| 5 | 删除 编辑 查询详情 | 2023-04-03 10:47:06 | WPPPP12023040000003 | 派单 | | wangzhen | 上海驷惠软件科技开发有… | 1212 |
| 6 | 删除 编辑 查询详情 | 2023-04-03 10:44:53 | WPPPP12023040000002 | 派单 | | 临沂××徐总 | 上海驷惠软件科技开发有… | 21323 |
| 7 | 删除 编辑 查询详情 | 2023-04-03 10:20:56 | WPPPP12023040000001 | 派单 | | 李×× | 上海驷惠软件科技开发有… | 1111 |

20 条/页　1　到第 1 页　确定　共 7 条

图 7–6　外派调度单

指定救援技师获取到任务单，根据故障现象描述比对故障知识库获取对应维修方案。外派单中包括：故障原因、故障现象、维修流程、图片、操作视频、注意事项，以及领取对应方案所绑定的项目、用料及工具，如图 7-7 所示。

图 7-7 外派单查询

查看【外派调度单】进度情况，如图 7-8 所示。

签到出发 / 到达，上传凭证信息，联系客户进行车辆检测维修业务，如图 7-9 所示。

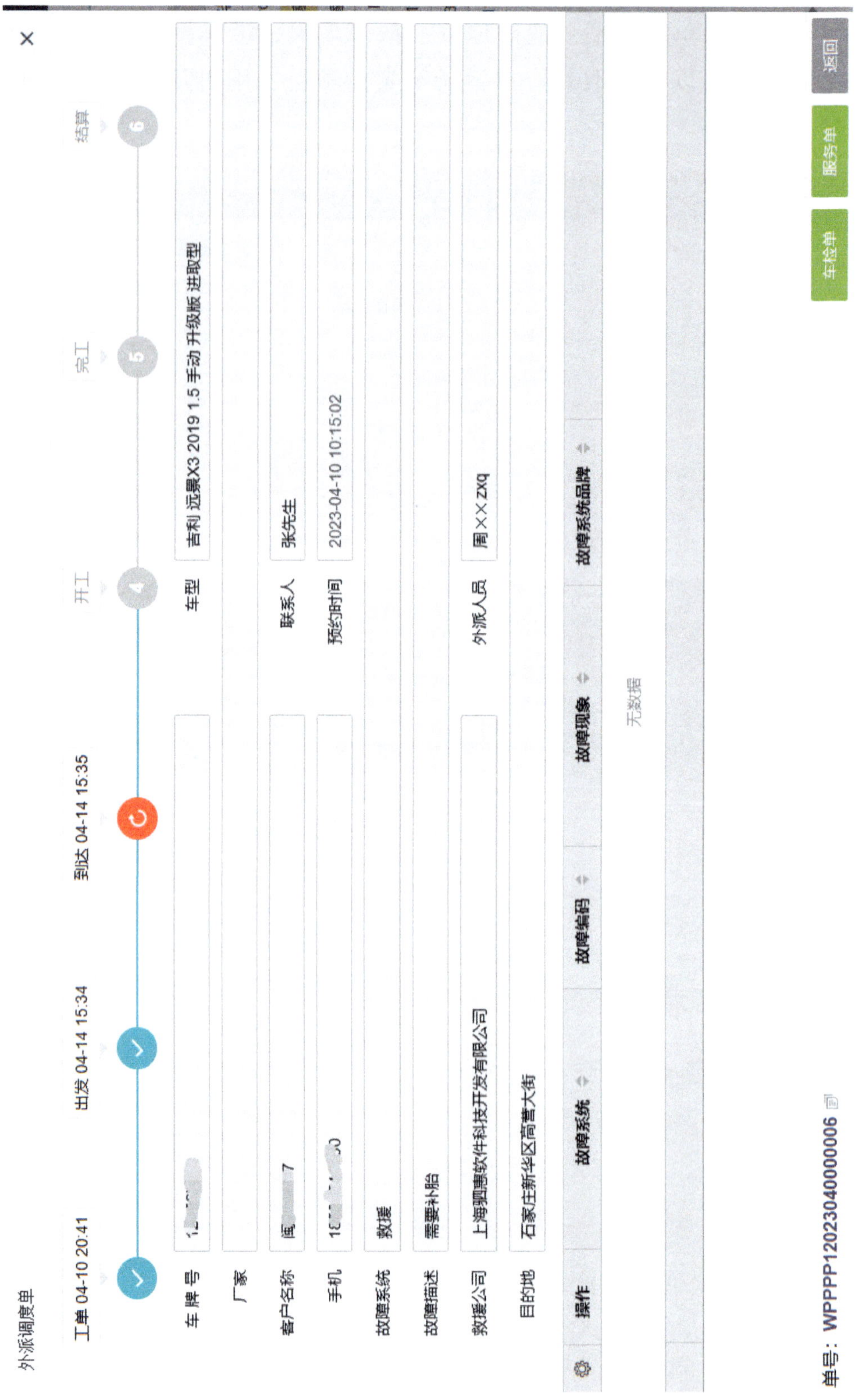

外派调度单

工单 04-10 20:41 → 出发 04-14 15:34 → 到达 04-14 15:35 → 开工 → 完工 → 结算

| | | | |
|---|---|---|---|
| 车牌号 | [illegible] | 车型 | 吉利 远景X3 2019 1.5 手动 升级版 进取型 |
| 厂家 | | | |
| 客户名称 | 闽[illegible]7 | 联系人 | 张先生 |
| 手机 | 18[illegible]0 | 预约时间 | 2023-04-10 10:15:02 |
| 故障系统 | 救援 | | |
| 故障描述 | 需要补胎 | | |
| 救援公司 | 上海驷惠软件科技开发有限公司 | 外派人员 | 周××zxq |
| 目的地 | 石家庄新华区高营大街 | | |

| 操作 | 故障系统 | 故障编码 | 故障现象 | 故障系统品牌 |
|---|---|---|---|---|
| 无数据 | | | | |

单号：WPPPP12023040000006

车检单 服务单 返回

图 7–8　外派调度单进度

图 7–9 签到

### 3. 接待管理

服务顾问在客户到店后可以用【接待单】对车辆维修中涉及的维修项目或维修用料进行详细登记（也可以通过维修预约单导入并加以完善）后安排进厂维修。

（1）接待单

【接待单】是正式维修管理的第一步，是进行维修管理必不可少的重要单据之一。客户来修车，一般是由有经验的业务员听其陈述故障现象，确定车辆是否能够在本厂修理，然后由客户在前台进行基本情况登记和故障现象记录。由

于系统可以记住以往修过的车辆的全部档案，所以进行委托维修时，操作员可以方便地查询修过的车辆的记录。同时，如果客户之前做过维修预约单或者备料估价单，也可支持导入到【接待单】中。

服务顾问根据客户车辆的实际情况填写【接待单】，例如，【维修方式】、【业务类别】、【本次里程】(选中【本次属于保养】，可自动带出【下次保养时间】和【下次保养里程】选项)、【本次建议】、【故障描述】等。然后，添加维修项目或维修用料，添加完成后单击【进厂】如图 7-10 所示。

图 7-10 接待单

根据客户对故障现象的描述 / 车辆检测获取的故障信息，通过故障知识库进行信息比对，选取最优解决方案，并将方案所绑定的项目、用料、工具等信息拖拽到【服务单】中，也可手动进行增、删改。故障诊断库如图 7-11 所示。

(2) 车检单

新建【车检单】后选择要使用的体检模板，选择车辆，按模板里的体检项目给车辆体检并填写检测值、检测描述、体检图片等内容后保存即可。【车检单】可以直接跳转到【服务单】和【接待单】。体检完成后还支持给车主发送微信提醒。车检单如图 7-12 所示。

图 7–11　故障诊断库

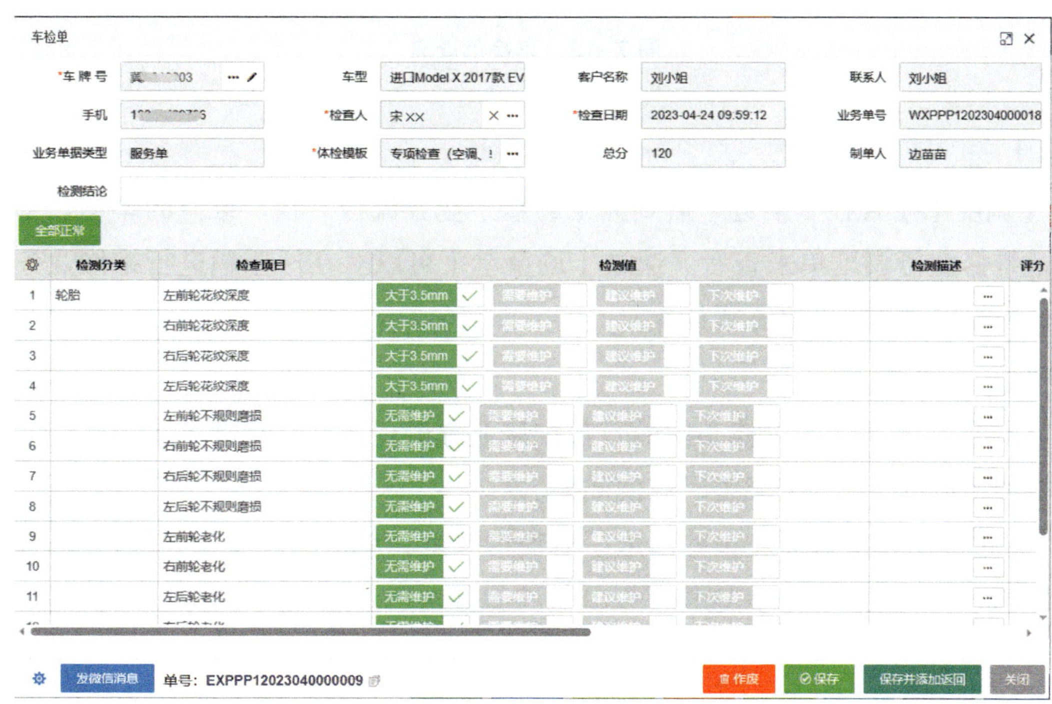


图 7–12　车检单

（3）车检单查询

用于查询已经保存的【车检单】，单击【查看原单】可以查看单据，如

图 7-13 所示。

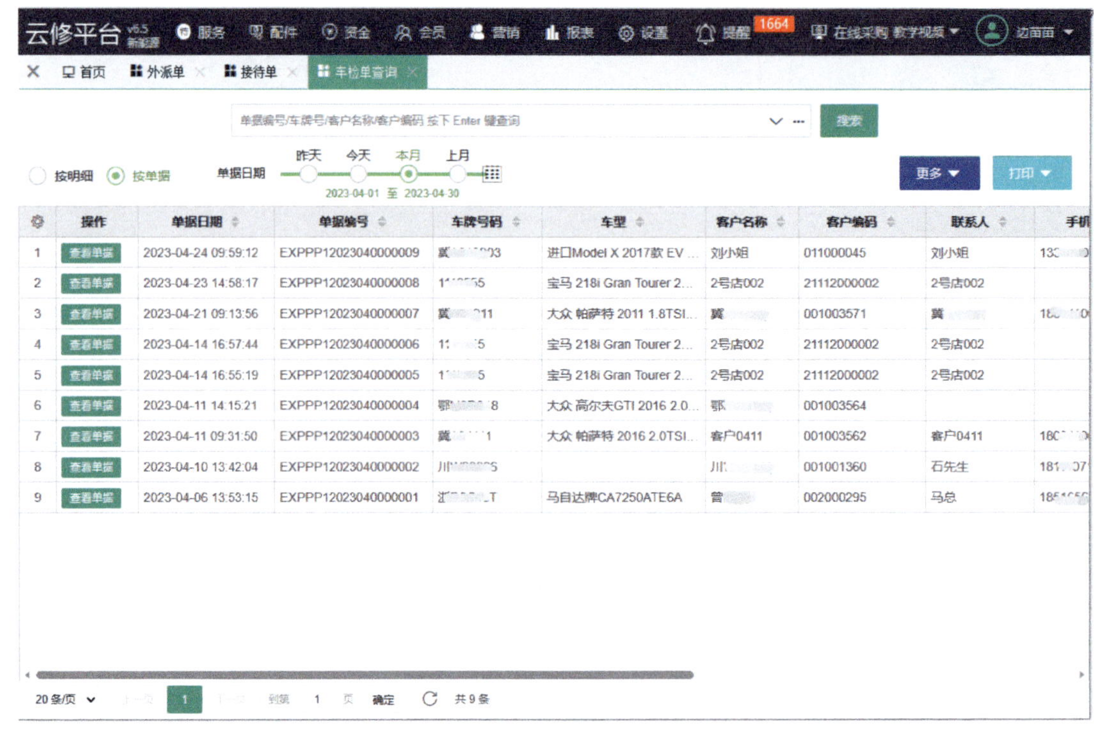


图 7-13　车检单查询

### 4. 车间调度

【调度单】管控车辆进厂后到完工的整个业务流程。在厂维修的车辆，可以通过维修业务调度单来查看。通过【调度单】可以对在厂车辆进行维修业务派工、分配工时、确认完工等操作。

（1）调度单

【调度单】可实现维修车间的日常维修业务管理，包括待派工工项查询、技师指派和项目开工、完工工时数据维护。

在【调度单】页面左边的已进厂车辆情况里，单击【调度】，右边显示选中车辆的具体调度界面。在这里可以添加项目并对已经添加的维修项目进行派工、开工等相关操作，派工完成后，单击【开工】可标识出该项目的维修进度。如果维修状态改变，也可以选中该项目后，再选择【暂停】或【修理完毕】。维修过程中发现新的维修项目或用料也可以通过【追加单】进行追加。单击【实际领料情况】可以查看当前单据的领料情况。维修完还可以进行质检流程的操作。车辆维修完并质检完成后单击【完工】，如图 7-14 所示。

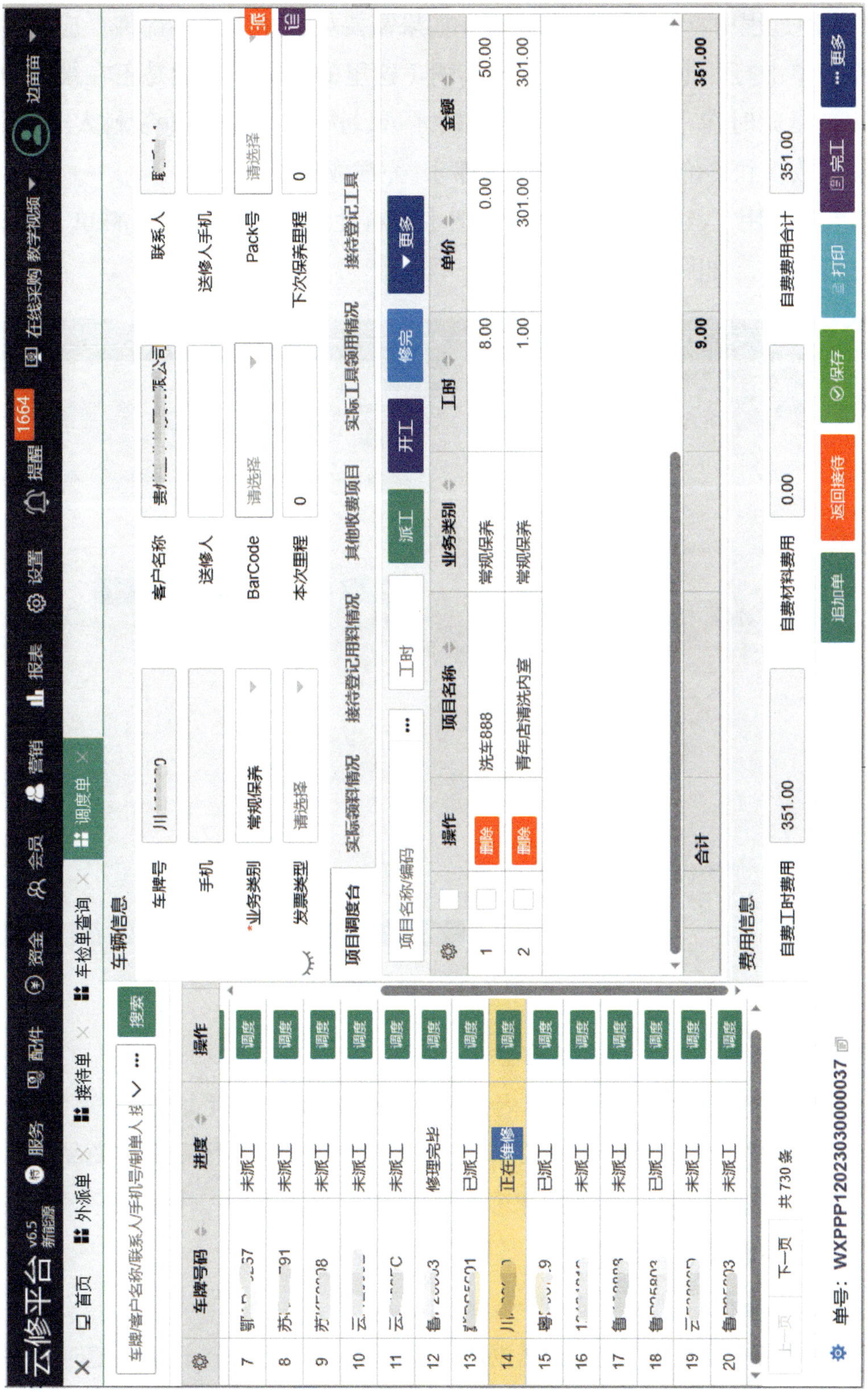
云修平台 v6.5 新能源
服务
配件
资金
会员
营销
报表
设置
提醒 1664
在线采购
教学视频
首页
外派单
接待单
车检单查询
调度单
车辆信息
车牌号
客户名称
联系人
手机
送修人
送修人手机
业务类别
常规保养
BarCode
Pack号
发票类型
本次里程
下次保养里程
项目调度台
实际领料情况
接待登记用料情况
其他收费项目
实际工具领用情况
接待登记工具
派工
开工
修完
更多
操作
项目名称
业务类别
工时
单价
金额
删除
洗车888
常规保养
8.00
0.00
50.00
青年店清洗内室
常规保养
1.00
301.00
301.00
合计
9.00
351.00
费用信息
自费工时费用
351.00
自费材料费用
0.00
自费费用合计
351.00
追加单
返回接待
保存
打印
完工
车牌号码
进度
未派工
修理完毕
已派工
正在维修
调度
搜索
上一页
下一页
共 730 条
单号：WXPPP1202303000037

图 7-14 调度单

（2）领料单（退料单）

在修理过程中，修理工发现故障，如果需要更换相应的零部件，应到库房中去领料。单击打开【领料单】，选择车辆（这里的车辆，只能是正在维修中的车辆，也就是此时在【调度单】中的车辆才可以选中），选择【领料人】，添加商品，输入数量和单价，然后单击【出库】，完成领料。

如果料不用了，需要退料，可以把【领料性质】选择成【退料单】，选择车辆，进行退料，如图 7–15 所示。

图 7–15　领料单

（3）内部领料单（内部退料单）

【内部领料单】适用于维修厂内部领用一些耗材和消耗品使用。【领料性质】选择【内部领料】，选择【领料人】，选择【出货仓库】，然后添加商品信息，单击【出库】，完成领料。另外如果领料领错了，需要退料，可以把【领料性质】选择成【内部退料】，进行退料，如图 7–16 所示。

（4）客户看板

【客户看板】可以外接显示器投屏，该功能可以让每个车主都随时了解自己车辆的维修情况。维修完成后，也可以提醒客户来结账，如图 7–17 所示。

图 7–16 内部领料单

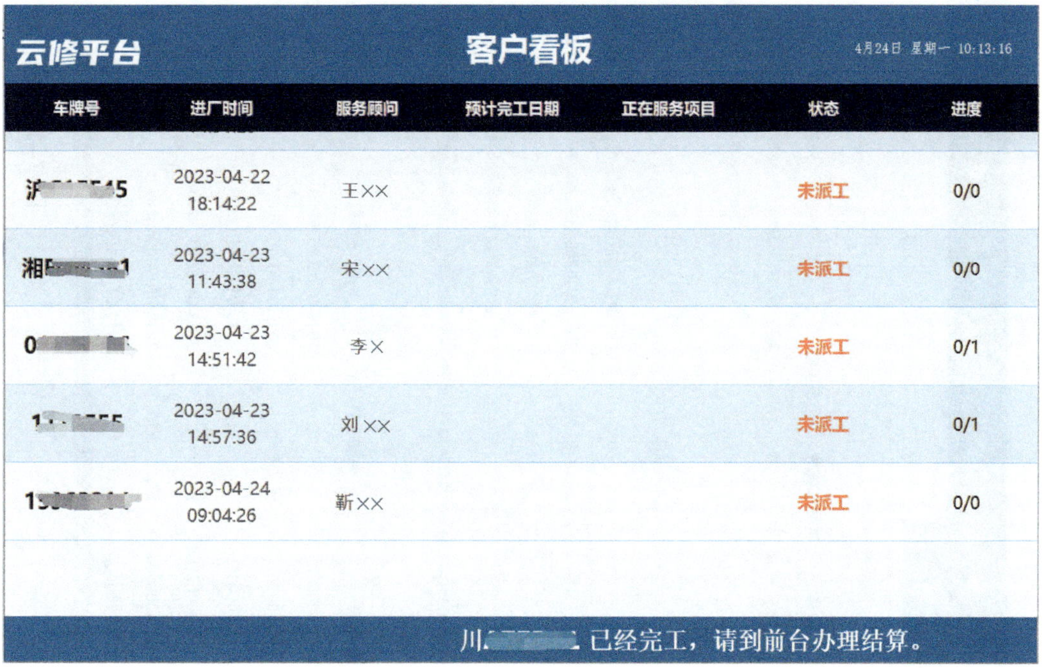

云修平台 客户看板 4月24日 星期一 10:13:16

| 车牌号 | 进厂时间 | 服务顾问 | 预计完工日期 | 正在服务项目 | 状态 | 进度 |
|---|---|---|---|---|---|---|
| 沪[illegible]5 | 2023-04-22 18:14:22 | 王×× | | | 未派工 | 0/0 |
| 湘[illegible]1 | 2023-04-23 11:43:38 | 宋×× | | | 未派工 | 0/0 |
| 0[illegible] | 2023-04-23 14:51:42 | 李× | | | 未派工 | 0/1 |
| 1[illegible] | 2023-04-23 14:57:36 | 刘×× | | | 未派工 | 0/1 |
| 1[illegible] | 2023-04-24 09:04:26 | 靳×× | | | 未派工 | 0/0 |

川[illegible] 已经完工，请到前台办理结算。

图 7–17 客户看板

（5）车间技师看板

在【车间技师看板】可查看维修技师的派工情况，施工明细项，如图 7–18 所示。

云修平台 v6.5 新能源 服务 配件 资金 会员 营销 报表 设置 提醒 1664 在线采购 教学视频 边苗苗

首页 车间技师看板

班组/服务技师 按下 Enter 键查询 搜索 更多 打印

| | 班组 | 技师 | 维修车辆数 | 已派工数 | 当前施工 | 等待施工 |
|---|---|---|---|---|---|---|
| 1 | 美容 | 卫XX | 20 | 40 | 青年店清洗内室;桂AR56Y2:洗车888;苏[illegible]0:... | 2[illegible]02:青年店清洗内室;22[illegible]5:洗车888,镀膜;6[illegible]1:洗车888,洗车 |
| 2 | 美容 | 齐XX | 13 | 27 | 133245678:青年店清洗内室;冀A56588:精洗999,... | 12[illegible]4:青年店清洗内室;2[illegible]更换机油;云[illegible]:常规保养;京A1 |
| 3 | 美容 | 李X | 5 | 24 | | 冀[illegible]:内饰清洁;冀[illegible]:更换发动机;桂[illegible]:888888;豫[illegible] |
| 4 | 美容 | 常X | 16 | 23 | | [illegible]:洗车Abc;[illegible]8:四轮保养;7[illegible]:四轮保养;云[illegible]D:镀膜; |
| 5 | 保养组 | 王X | 8 | 22 | 更换机油三滤,四轮定位（长安）,精洗999,右后... | LS[illegible]5:镀膜;冀[illegible]5:洗车888;沪[illegible]7:镀膜,A1;鄂[illegible]6:洗车888, |
| 6 | 喷漆组 | 张X | 6 | 20 | 云N16888:洗车888;沪A18707:精洗999,右后叶子... | 云A[illegible]D:洗车888,镀膜;京[illegible]:维护,更换机油三滤;鄂[illegible]3:更换机油 |
| 7 | 钣金组 | 齐X | 13 | 17 | 冀A589KL:更换机油三滤;沪AYC186:更换机油三... | 云[illegible]:洗车888;京[illegible]2:更换机油、机滤2,大众 轮胎 左前;桂A[illegible]51 |
| 8 | 喷漆组 | 李X | 7 | 17 | 冀A99999:常规保养;沪A18707:常规保养,维护,精... | 沪A[illegible]5:镀膜;湘F[illegible]28:常规保养;苏[illegible]P8:更换机油三滤;豫[illegible]8: |

车牌号 按下 Enter 键查询

| | 服务单号 | 车牌号码 | 进厂时间 | 派工日期 | 项目状态 | 施工项目 | 预计完工日期 |
|---|---|---|---|---|---|---|---|
| 1 | WXPPP12019010000022 | [illegible]02 | 2019-03-19 15:56:04 | 2019-01-05 11:38:04 | 未派工 | 青年店清洗内室 | |
| 2 | WXPPP12019010000016 | 豫[illegible] | 2019-01-07 10:05:37 | 2019-01-07 10:06:14 | 已派工 | 常规保养 | |
| 3 | WXPPP12019010000196 | 2[illegible]2 | 2019-01-31 17:00:59 | 2019-01-31 17:01:50 | 正在维修 | 青年店清洗内室 | |
| 4 | WXPPP12019040000296 | 沪[illegible]U | 2019-04-27 21:36:44 | 2019-04-28 09:18:27 | 已派工 | 青年店清洗内室 | |
| 5 | WXPPP12019070000068 | [illegible]06 | 2019-07-04 10:15:31 | 2019-07-04 10:16:31 | 已派工 | 青年店清洗内室 | |
| 6 | WXPPP12019070000067 | 9[illegible]1 | 2019-07-04 10:23:33 | 2019-07-04 10:23:47 | 已派工 | 洗车888 | |

图 7-18　车间技师看板

（6）改装业务看板

用于查看改装业务的进度，如图 7-19 所示。

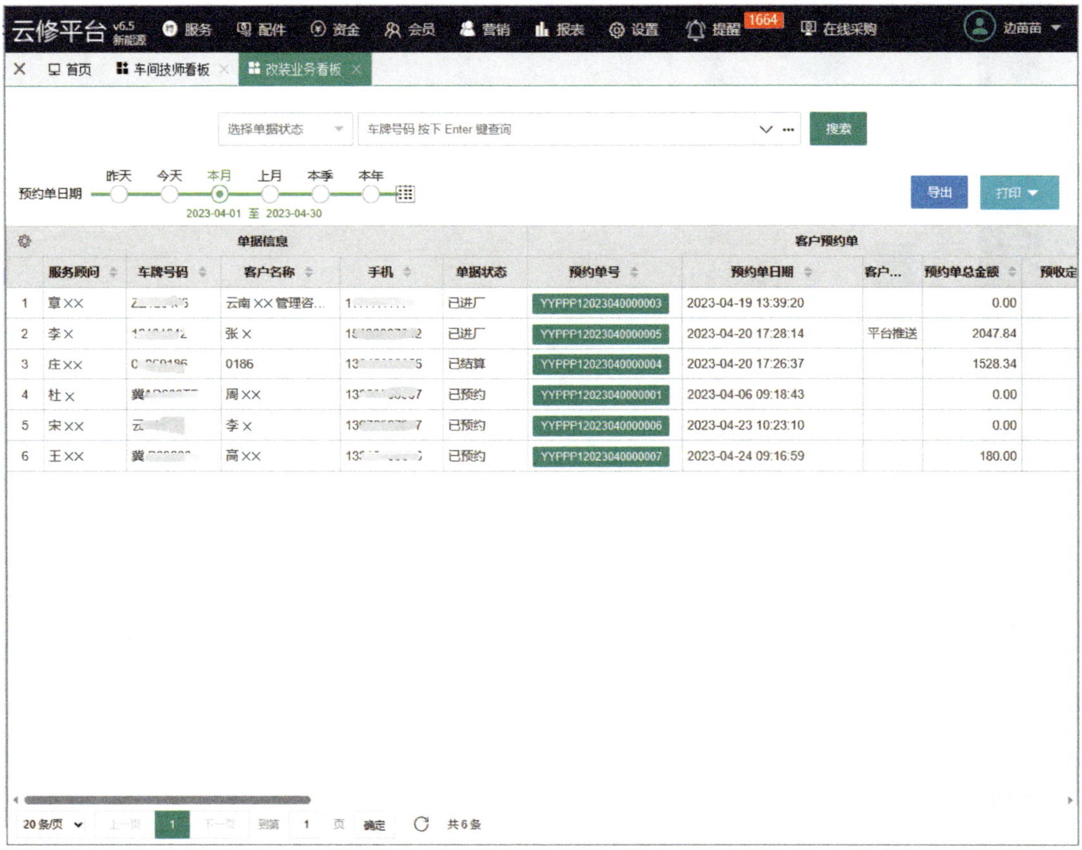

云修平台 v6.5 新能源 服务 配件 资金 会员 营销 报表 设置 提醒 1664 在线采购 边苗苗

首页 车间技师看板 改装业务看板

选择单据状态 车牌号码 按下 Enter 键查询 搜索

预约单日期 昨天 今天 本月 上月 本季 本年 2023-04-01 至 2023-04-30 导出 打印

| | 单据信息 | | | | | 客户预约单 | | | | |
|---|---|---|---|---|---|---|---|---|---|---|
| | 服务顾问 | 车牌号码 | 客户名称 | 手机 | 单据状态 | 预约单号 | 预约单日期 | 客户... | 预约单总金额 | 预收定 |
| 1 | 章XX | [illegible] | 云南XX管理咨... | [illegible] | 已进厂 | YYPPP12023040000003 | 2023-04-19 13:39:20 | | 0.00 | |
| 2 | 李X | [illegible] | 张X | [illegible] | 已进厂 | YYPPP12023040000005 | 2023-04-20 17:28:14 | 平台推送 | 2047.84 | |
| 3 | 庄XX | [illegible] | 0186 | [illegible] | 已结算 | YYPPP12023040000004 | 2023-04-20 17:26:37 | | 1528.34 | |
| 4 | 杜X | [illegible] | 周XX | [illegible] | 已预约 | YYPPP12023040000001 | 2023-04-06 09:18:43 | | 0.00 | |
| 5 | 宋XX | [illegible] | 李X | [illegible] | 已预约 | YYPPP12023040000006 | 2023-04-23 10:23:10 | | 0.00 | |
| 6 | 王XX | [illegible] | 高XX | [illegible] | 已预约 | YYPPP12023040000007 | 2023-04-24 09:16:59 | | 180.00 | |

20 条/页 上一页 1 下一页 到第 1 页 确定 共 6 条

图 7-19 改装业务看板

## 5. 服务结算

业务调度单完成后，就进入委托结算环节。结算时可以按工时费用、配件费用、及其他费等进行汇总。支持整单优惠、工时折扣、配件折扣，也可以按不同细分项目分别设定折扣，折扣方式分为百分比和金额折扣或会员卡折扣。【结算单】可以对已经维修完工的车辆进行维修结算，并进行款项收取的操作。【结算单】项目包括：维修结算支持发票类型选择、结算方式、添加其他项目收费、支持第三方单位挂账、支持添加调整项目、调整用料（在结算前，可以单击【添加调整项目】或者【调整用料】按钮，则调整项目和调整用料所增加的款项会进入最后的往来账中，但是实际上用料并没有出库，该功能可以用来增加向客户收款金额）、返回调度等，如图 7-20 所示。

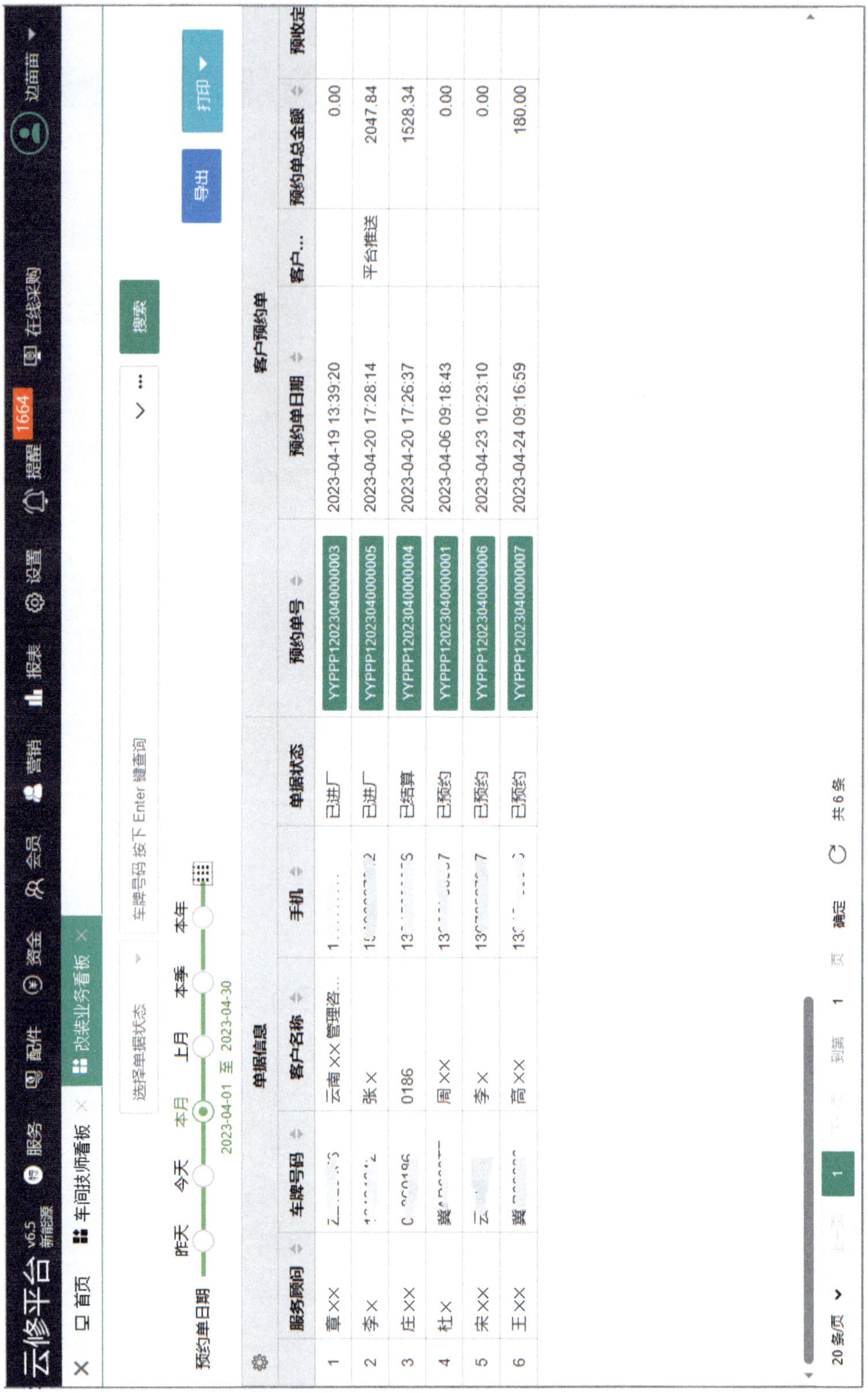

云修平台 v6.5 新能源　服务　配件　资金　会员　营销　报表　设置　提醒 1664　在线采购　边苗苗

首页　车间技师看板　改装业务看板

选择单据状态　车牌号码 按下 Enter 键查询　搜索

预约单日期　昨天　今天　本月　上月　本季　本年　2023-04-01 至 2023-04-30　导出　打印

| | 单据信息 | | | | | 客户预约单 | | | | |
|---|---|---|---|---|---|---|---|---|---|---|
| | 服务顾问 | 车牌号码 | 客户名称 | 手机 | 单据状态 | 预约单号 | 预约单日期 | 客户… | 预约单总金额 | 预收定 |
| 1 | 章×× | [illegible] | 云南××管理咨… | [illegible] | 已进厂 | YYPPP12023040000003 | 2023-04-19 13:39:20 | | 0.00 | |
| 2 | 李× | [illegible] | 张× | [illegible] | 已进厂 | YYPPP12023040000005 | 2023-04-20 17:28:14 | 平台推送 | 2047.84 | |
| 3 | 庄×× | [illegible] | 0186 | [illegible] | 已结算 | YYPPP12023040000004 | 2023-04-20 17:26:37 | | 1528.34 | |
| 4 | 杜× | [illegible] | 周×× | [illegible] | 已预约 | YYPPP12023040000001 | 2023-04-06 09:18:43 | | 0.00 | |
| 5 | 宋×× | [illegible] | 李× | [illegible] | 已预约 | YYPPP12023040000006 | 2023-04-23 10:23:10 | | 0.00 | |
| 6 | 王×× | [illegible] | 高×× | [illegible] | 已预约 | YYPPP12023040000007 | 2023-04-24 09:16:59 | | 180.00 | |

20 条/页　1　到第 1 页　确定　共 6 条

图 7–20　结算单

### 6. 客户评价

支持线上、线下评价，方便客户及时反馈信息和服务评价。

1）服务评价提醒（微信）：如图 7-21 所示。

2）服务评价单格式：如图 7-22 所示。

图 7-21 服务评价提醒（微信）

图 7-22 服务评价单格式

### 7. 数字化报表呈现

（1）服务查询

可以根据结算时间或进厂日期等其他查询条件查询在厂或已经结算的【服务单】。支持查看原单，单击【更多】还可以查看接待图片、完工图片、质检图片、重新结算等功能，如图 7-23 所示。

（2）领料查询

用于查询做过的【领料单】和【退料单】，可以按单据或按明细进行查询，如图 7-24 所示。

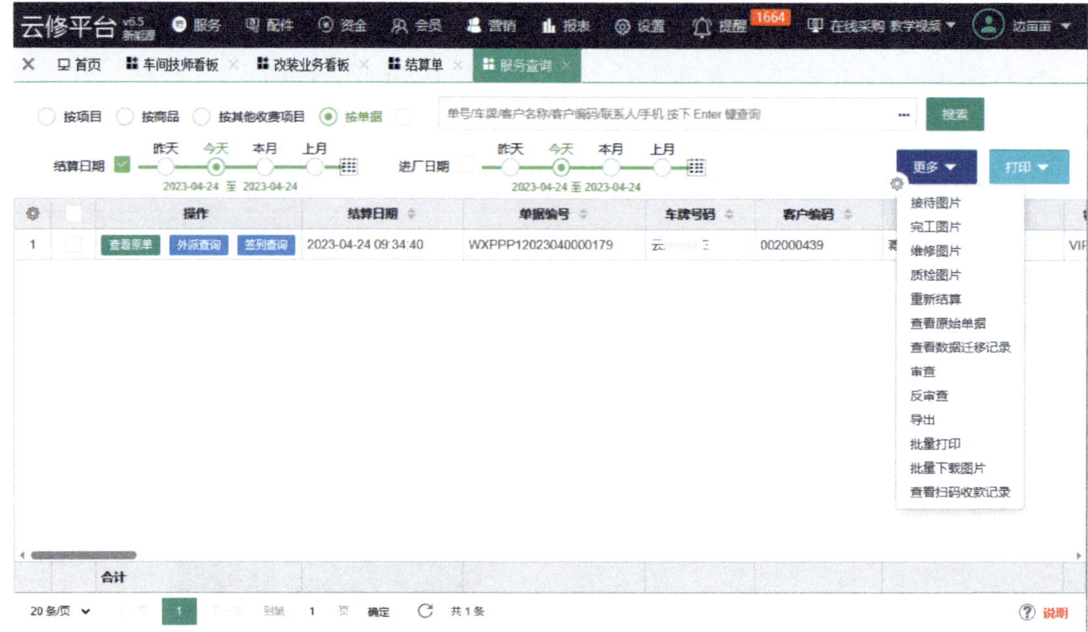


图 7-23 服务查询

云修平台 v6.5 新能源　服务　配件　资金　会员　营销　报表　设置　提醒 1664　在线采购　教学视频

首页　车间技师看板　改装业务看板　结算单　服务查询　领料查询

车牌/领料单号/客户名称/客户编码/联系人/手机按下 Enter 键查询　搜索

按明细　按单据　单据日期　昨天　今天　本月　上月　2023-04-01 至 2023-04-30　更多　打印

| | 操作 | 领料单号 | 领料类型 | 单据日期 | 领料人 | 服务顾问 | 车牌号码 | 客户名称 | 客户编码 |
|---|---|---|---|---|---|---|---|---|---|
| 1 | 查看原单 | GPPPP12023040000079 | 领料单 | 2023-04-24 09:32:10 | 杨×× | 项×× | [illegible] | 蒋×× | 00200043 |
| 2 | 查看原单 | GPPPP12023040000078 | 领料单 | 2023-04-24 09:27:42 | 张× | 项×× | [illegible] | 蒋×× | 00200043 |
| 3 | 查看原单 | GPPPP12023040000077 | 领料单 | 2023-04-24 09:26:21 | 刘×× | 项×× | [illegible] | 蒋×× | 00200043 |
| 4 | 查看原单 | GPPPP12023040000076 | 退料单 | 2023-04-23 10:53:02 | 项×× | 宋×× | [illegible] | 宋×× | 18674085 |
| 5 | 查看原单 | GPPPP12023040000075 | 领料单 | 2023-04-23 10:48:11 | 章×× | 宋×× | [illegible] | 宋×× | 18674085 |
| 6 | 查看原单 | GPPPP12023040000074 | 领料单 | 2023-04-23 10:25:35 | 庄×× | 杨×× | [illegible] | 2号店002 | 21112000 |
| 7 | 查看原单 | GPPPP12023040000073 | 领料单 | 2023-04-22 10:31:47 | 张× | 宋×× | [illegible] | 宋×× | 18674085 |
| 8 | 查看原单 | GPPPP12023040000072 | 领料单 | 2023-04-21 15:51:14 | 李× | 宋×× | [illegible] | Mr-Wang | 00000010 |
| 9 | 查看原单 | GPPPP12023040000071 | 领料单 | 2023-04-21 15:23:20 | 齐×× | 齐×× | [illegible] | 和商有道 | 00500001 |
| 10 | 查看原单 | GPPPP12023040000070 | 领料单 | 2023-04-21 14:49:41 | 卫×× | 高×× | [illegible] | 冀 | 12345678 |
| 11 | 查看原单 | GPPPP12023040000069 | 领料单 | 2023-04-21 13:38:06 | 周×× | 周×× | [illegible] | 张×× | 00100357 |
| 12 | 查看原单 | GPPPP12023040000068 | 领料单 | 2023-04-21 12:47:56 | 庄×× | 庄×× | [illegible] | 0186 | 00812682 |
| 13 | 查看原单 | GPPPP12023040000067 | 领料单 | 2023-04-21 11:41:03 | 王× | 测试 | [illegible] | 大升 | XLC0000 |
| | 合计 | | | | | | | | |

20 条/页　1　2　3　4　下一页　到第　1　页　确定　共 77 条

图 7-24 领料查询

（3）内部领料查询

用于查询已经结算的【内部领料单】和【内部退料单】，如图 7-25 所示。

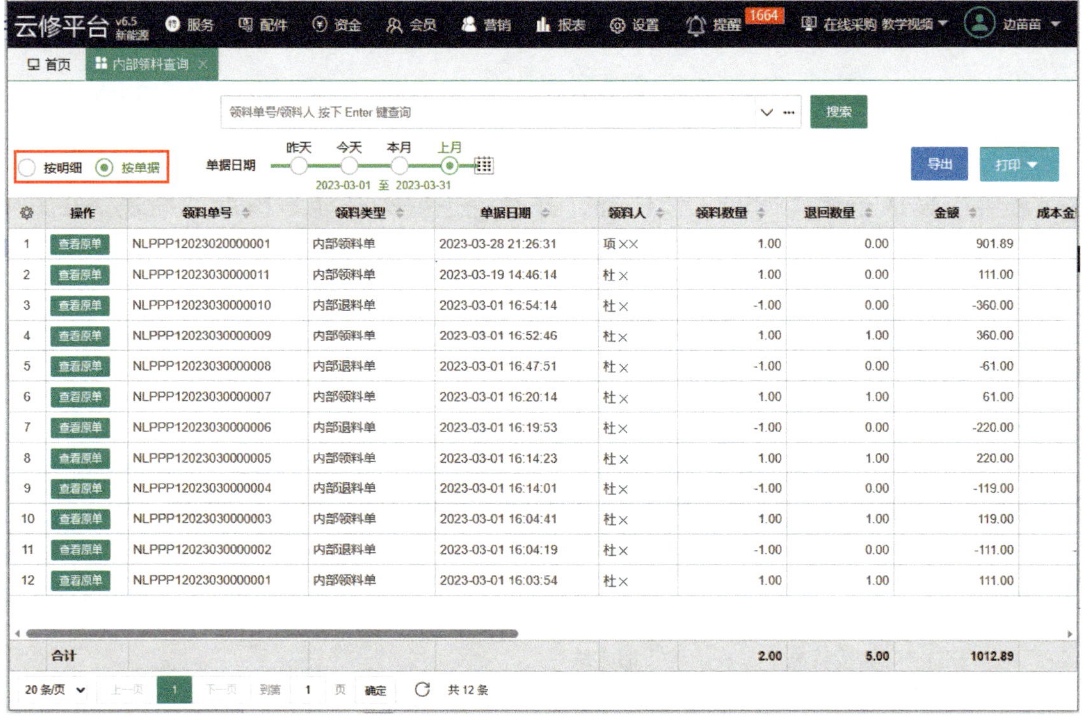


|  | 操作 | 领料单号 | 领料类型 | 单据日期 | 领料人 | 领料数量 | 退回数量 | 金额 | 成本金 |
|---|---|---|---|---|---|---|---|---|---|
| 1 | 查看原单 | NLPPP12023020000001 | 内部领料单 | 2023-03-28 21:26:31 | 项×× | 1.00 | 0.00 | 901.89 | |
| 2 | 查看原单 | NLPPP12023030000011 | 内部领料单 | 2023-03-19 14:46:14 | 杜× | 1.00 | 0.00 | 111.00 | |
| 3 | 查看原单 | NLPPP12023030000010 | 内部退料单 | 2023-03-01 16:54:14 | 杜× | -1.00 | 0.00 | -360.00 | |
| 4 | 查看原单 | NLPPP12023030000009 | 内部领料单 | 2023-03-01 16:52:46 | 杜× | 1.00 | 1.00 | 360.00 | |
| 5 | 查看原单 | NLPPP12023030000008 | 内部退料单 | 2023-03-01 16:47:51 | 杜× | -1.00 | 0.00 | -61.00 | |
| 6 | 查看原单 | NLPPP12023030000007 | 内部领料单 | 2023-03-01 16:20:14 | 杜× | 1.00 | 1.00 | 61.00 | |
| 7 | 查看原单 | NLPPP12023030000006 | 内部退料单 | 2023-03-01 16:19:53 | 杜× | -1.00 | 0.00 | -220.00 | |
| 8 | 查看原单 | NLPPP12023030000005 | 内部领料单 | 2023-03-01 16:14:23 | 杜× | 1.00 | 1.00 | 220.00 | |
| 9 | 查看原单 | NLPPP12023030000004 | 内部退料单 | 2023-03-01 16:14:01 | 杜× | -1.00 | 0.00 | -119.00 | |
| 10 | 查看原单 | NLPPP12023030000003 | 内部领料单 | 2023-03-01 16:04:41 | 杜× | 1.00 | 1.00 | 119.00 | |
| 11 | 查看原单 | NLPPP12023030000002 | 内部退料单 | 2023-03-01 16:04:19 | 杜× | -1.00 | 0.00 | -111.00 | |
| 12 | 查看原单 | NLPPP12023030000001 | 内部领料单 | 2023-03-01 16:03:54 | 杜× | 1.00 | 1.00 | 111.00 | |
| | 合计 | | | | | 2.00 | 5.00 | 1012.89 | |



图 7–25 内部领料查询

（4）技师业绩明细

用于查询维修工施工项目的分配工时、项目金额和领料金额，如图 7–26 所示。

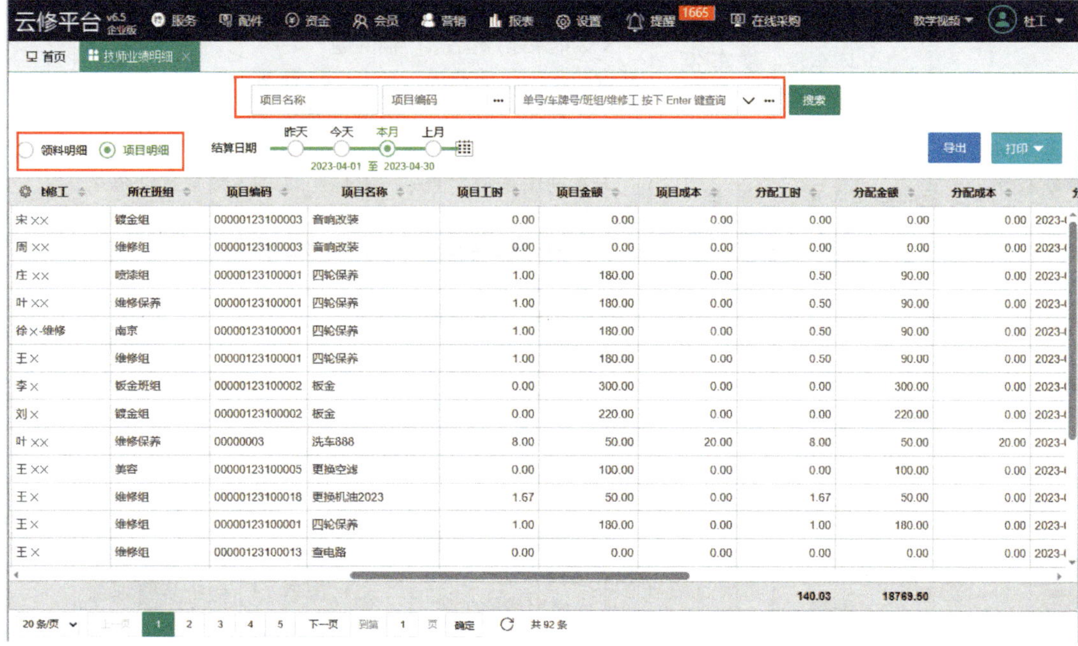


| 维修工 | 所在班组 | 项目编码 | 项目名称 | 项目工时 | 项目金额 | 项目成本 | 分配工时 | 分配金额 | 分配成本 | 分 |
|---|---|---|---|---|---|---|---|---|---|---|
| 宋×× | 镀金组 | 00000123100003 | 音响改装 | 0.00 | 0.00 | 0.00 | 0.00 | 0.00 | 0.00 | 2023-( |
| 周×× | 维修组 | 00000123100003 | 音响改装 | 0.00 | 0.00 | 0.00 | 0.00 | 0.00 | 0.00 | 2023-( |
| 庄×× | 喷漆组 | 00000123100001 | 四轮保养 | 1.00 | 180.00 | 0.00 | 0.50 | 90.00 | 0.00 | 2023-( |
| 叶×× | 维修保养 | 00000123100001 | 四轮保养 | 1.00 | 180.00 | 0.00 | 0.50 | 90.00 | 0.00 | 2023-( |
| 徐×-维修 | 南京 | 00000123100001 | 四轮保养 | 1.00 | 180.00 | 0.00 | 0.50 | 90.00 | 0.00 | 2023-( |
| 王× | 维修组 | 00000123100001 | 四轮保养 | 1.00 | 180.00 | 0.00 | 0.50 | 90.00 | 0.00 | 2023-( |
| 李× | 钣金班组 | 00000123100002 | 板金 | 0.00 | 300.00 | 0.00 | 0.00 | 300.00 | 0.00 | 2023-( |
| 刘× | 镀金组 | 00000123100002 | 板金 | 0.00 | 220.00 | 0.00 | 0.00 | 220.00 | 0.00 | 2023-( |
| 叶×× | 维修保养 | 00000003 | 洗车888 | 8.00 | 50.00 | 20.00 | 8.00 | 50.00 | 20.00 | 2023-( |
| 王×× | 美容 | 00000123100005 | 更换空滤 | 0.00 | 100.00 | 0.00 | 0.00 | 100.00 | 0.00 | 2023-( |
| 王× | 维修组 | 00000123100018 | 更换机油2023 | 1.67 | 50.00 | 0.00 | 1.67 | 50.00 | 0.00 | 2023-( |
| 王× | 维修组 | 00000123100001 | 四轮保养 | 1.00 | 180.00 | 0.00 | 1.00 | 180.00 | 0.00 | 2023-( |
| 王× | 维修组 | 00000123100013 | 查电路 | 0.00 | 0.00 | 0.00 | 0.00 | 0.00 | 0.00 | 2023-( |
| | | | | | | | 140.03 | 18769.50 | | |



图 7–26 云修平台技师业绩查询

## 三、工作计划与决策

根据学习情境资料，将全班同学分组，两人一组（一人扮演客户刘女士，一人扮演回访专员小胡），制订利用新能源汽车服务流程数智化训练平台（以下简称接车宝）完成车辆接待的工作任务，并确定主要的技能考核点，见表 7-1。

表 7-1　接待环节主要技能点汇总表

| 主要技能点 | 关联知识点 | 所需物料 | 分项技能点 | 考核点 | 训练方式 | 设置方式 |
|---|---|---|---|---|---|---|
| 1. 微信预约保养受理 | 1）微信礼仪<br>2）接打电话礼仪<br>3）预约基本内容 | 电话、手机、微信公众号、接车宝 | 1-1 主动预约顾客的方法<br>1-2 被动预约顾客的方法 | 1）微信礼仪基本要求<br>2）电话礼仪基本要求<br>3）预约内容的编辑 | 教师选择一种模拟训练 | 可选 |
| 2. 顾客到达与接待 | 1）接待礼仪<br>2）递送名片礼仪<br>3）说话技巧 | 车辆、接车宝、名片 | 2-1 礼貌接待顾客的方法<br>2-2 自我介绍并递送名片的方法<br>2-3 推销自己和企业的方法<br>2-4 赞美顾客的方法 | 1）仪容、仪表、仪态基本要求<br>2）语言表达的基本要求 | 根据新能源汽车服务流程数智化训练平台中步骤训练 | 必选 |
| 3. 车辆检查诊断服务 | 1）环车检查要点与流程<br>2）解码器的使用方法<br>3）与人沟通的技巧 | 车辆、接车宝、解码器、六件套、白手套、绝缘手套、绝缘鞋、绝缘垫、纸巾 | 3-1 记录车辆基本信息的方法<br>3-2 记录座椅位置，铺设防护用品的方法<br>3-3 环车检查并发现车辆问题的方法<br>3-4 利用手势检查车辆灯光的方法<br>3-5 使用解码器诊断车辆故障的方法<br>3-6 了解车辆使用状况的方法 | 1）发现车辆问题<br>2）与顾客沟通的基本要求<br>3）礼仪的基本要求<br>4）环车检查流程的基本要求 | 根据新能源汽车服务流程数智化训练平台中步骤训练 | 必选 |
| 4. 保养项目确认 | 1）首保项目的内容<br>2）首保项目价格和时间的预估<br>3）维修工单填写规范 | 接车宝、饮品 | 4-1 递送饮品的方法<br>4-2 确认首保项目的方法<br>4-3 预估首保价格和时间的方法<br>4-4 填写维修工单，组织安排车辆维修保养的方法 | 1）首保内容的表述要求<br>2）首保价格和时间预估的表述要求<br>3）与客户沟通的礼仪要求 | 根据新能源汽车服务流程数智化训练平台中步骤训练 | 必选 |

（续）

| 主要技能点 | 关联知识点 | 所需物料 | 分项技能点 | 考核点 | 训练方式 | 设置方式 |
|---|---|---|---|---|---|---|
| 5. 交车准备 | 1）车辆保养流程<br>2）车辆质检流程<br>3）交车前准备工作 | 接车宝 | 5-1 对照维修工单检查车辆保养情况的方法<br>5-2 整理相关手续，礼貌请顾客验车的流程和方法 | 口述交车前准备工作的基本要求 | 根据新能源汽车服务流程数智化训练平台中步骤训练 | 必选 |
| 6. 车辆验收 | 1）新能源车辆日常使用、维护等注意事项<br>2）新能源车辆安全、充电等常识 | 车辆、白手套、绝缘手套、绝缘鞋、绝缘垫、纸巾、垃圾桶 | 6-1 向顾客展示竣工后车辆的方法<br>6-2 向顾客解释维修服务项目的方法<br>6-3 向顾客说明车辆日常使用、维护、安全、充电等注意事项的方法 | 1）与顾客沟通的基本要求<br>2）礼仪的基本要求<br>3）验收流程方面的基本要求 | 根据新能源汽车服务流程数智化训练平台中步骤训练 | 必选 |
| 7. 交车送客 | 1）车辆常规保养计划<br>2）回访流程和相关事宜 | 保养提示贴 | 礼貌目送顾客离开 | 1）交车后与顾客沟通的基本要求<br>2）礼仪的基本要求 | 根据新能源汽车服务流程数智化训练平台中步骤训练 | 必选 |
| 8. 服务跟踪 | 1）客户档案整理<br>2）DMS 系统使用 | 电话 | 8-1 整理客户资料，制作跟踪计划的方法<br>8-2 对客户进行跟踪，了解车辆使用情况，解答顾客疑问的方法 | 1）与顾客沟通的基本要求<br>2）电话礼仪的基本要求 | 模拟训练 | 可选 |

## 四、任务实施

（1）实训场地

如图 7-27 所示，含有维修接待台、收银台、旧件展示区、顾客休息区等。

（2）实训设备及工具

上汽荣威 ei6（45T 混动互联智尊版）轿车、接车宝、解码器、六件套、名片、纸巾、垃圾桶、白手套、绝缘垫、绝缘手套、绝缘鞋、保养提醒贴等。

（3）实训前期准备

检查接车宝是否能联网使用；检查解码器是否能正常使用。

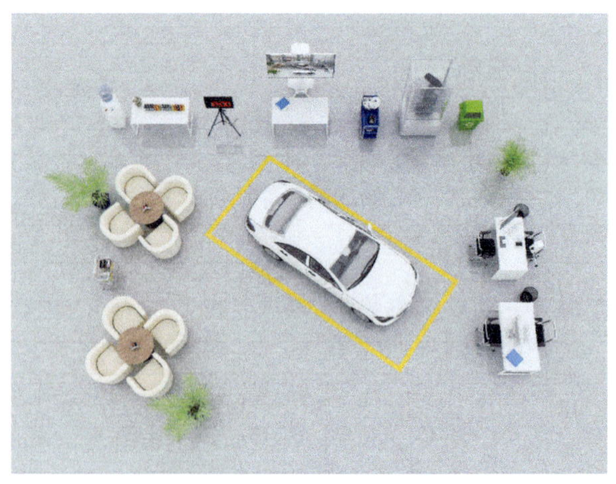

图 7-27　实训场地参考图

## 五、评价反思

（1）学生活动过程评价

见表 7-2。

表 7-2　汽车首保服务接待实训考核表

| 任务 | 评分要求与细则 | 优秀 | 较好 | 一般 | 较差 |
|---|---|---|---|---|---|
| 接待顾客 | 引导顾客停车，帮顾客开门，礼貌请顾客下车 | 1 | 0.8 | 0.6 | 0.4 |
| | 问清来意，专属服务顾问向顾客介绍技术顾问，技术顾问递送名片 | 1 | 0.8 | 0.6 | 0.4 |
| | 适当赞美顾客，适当推销自己和企业 | 1 | 0.8 | 0.6 | 0.4 |
| 车辆检查诊断服务 | 请顾客出示行驶证和车钥匙，提醒顾客取走贵重物品 | 1 | 0.8 | 0.6 | 0.4 |
| | 利用接车宝扫码，记录基本信息 | 2 | 1.6 | 1.2 | 0.8 |
| | 记录座椅位置，按照规定顺序套好六件套 | 2 | 1.6 | 1.2 | 0.8 |
| | 检查驾驶室，唱检仪表信息并记录到接车宝 | 4 | 3.2 | 2.4 | 1.6 |
| | 唱检其他信息并记录到接车宝 | 2 | 1.6 | 1.2 | 0.8 |
| | 选手配合做灯光检查（实做）并记录到接车宝 | 2 | 1.6 | 1.2 | 0.8 |
| | 1 位：检查左前方，唱检左前门、左前翼子板、左前轮胎等主要项目和结果，并记录到接车宝 | 2 | 1.6 | 1.2 | 0.8 |
| | 2 位：检查正前方，唱检机舱盖、进气栅格、保险杠并记录到接车宝 | 2 | 1.6 | 1.2 | 0.8 |
| | 2 位：打开机舱盖唱检内部主要项目和结果（技术顾问），并记录到接车宝 | 4 | 3.2 | 2.4 | 1.6 |
| | 3 位：检查右前方，唱检右前门、右前翼子板、右前轮胎等主要项目和结果，并记录到接车宝 | 2 | 1.6 | 1.2 | 0.8 |

（续）

| 任务 | 评分要求与细则 | 优秀 | 较好 | 一般 | 较差 |
| --- | --- | --- | --- | --- | --- |
| 车辆检查诊断服务 | 4 位：检查右后方，唱检右后门、右后翼子板、充电口、右后轮胎等主要项目和结果，并记录到接车宝 | 2 | 1.6 | 1.2 | 0.8 |
| | 5 位：检查正后方，唱检行李舱盖、后保险杠等主要项目和结果，并记录到接车宝 | 2 | 1.6 | 1.2 | 0.8 |
| | 5 位：打开行李舱盖检查行李舱内部主要项目和结果（技术顾问），并记录到接车宝 | 4 | 3.2 | 2.4 | 1.6 |
| | 6 位：检查左后方，唱检左后门、左后翼子板、左后轮胎等主要项目和结果，并记录到接车宝 | 2 | 1.6 | 1.2 | 0.8 |
| | 发现车辆缺陷，建议增补或修复，并请顾客在智能服务系统预检单上签字 | 4 | 3.2 | 2.4 | 1.6 |
| | 环车检查时，在适当时候询问顾客车辆使用状况及存在问题，并做好记录（车辆问诊） | 3 | 2.4 | 1.8 | 1.2 |
| 保养项目确认 | 应用引导礼，引导顾客到维修服务接待台落座；为顾客提供三种以上饮品供选择，并礼貌地递送；确认顾客基本信息 | 2 | 1.6 | 1.2 | 0.8 |
| | 请顾客最后确认本次常规保养项目及预估时间 | 2 | 1.6 | 1.2 | 0.8 |
| | 请顾客在智能服务系统报价单上签字确认 | 1 | 0.8 | 0.6 | 0.4 |
| | 询问顾客电话，引导顾客到休息室落座，提供饮料，并简要介绍功能分区，说明 1h 进度跟进汇报 | 2 | 1.6 | 1.2 | 0.8 |
| 交车准备 | 口述准备好预检单、工单、最终检查单、车钥匙及行驶证 | 1 | 0.8 | 0.6 | 0.4 |
| | 口述交车前对竣工车辆自检情况及结果，表示可以交车（技术顾问） | 1 | 0.8 | 0.6 | 0.4 |
| | 礼貌专业地通知顾客可以交车 | 1 | 0.8 | 0.6 | 0.4 |
| 车辆验收 | 礼貌规范地邀请顾客查看竣工车辆，陪同顾客顺时针方向查看 | 2 | 1.6 | 1.2 | 0.8 |
| | 向顾客解释常规保养项目，告知已为其洗车，让顾客满意 | 2 | 1.6 | 1.2 | 0.8 |
| | 向顾客解释维修服务项目 | 2 | 1.6 | 1.2 | 0.8 |
| | 打开机舱进行项目说明（技术顾问） | 2 | 1.6 | 1.2 | 0.8 |
| | 打开行李舱进行项目说明（技术顾问） | 2 | 1.6 | 1.2 | 0.8 |
| | 旧件展示并询问处理方式 | 1 | 0.8 | 0.6 | 0.4 |
| 交车送客 | 当面取下车辆防护用品，向顾客建议下次保养时间，并征得顾客同意，张贴保养提醒贴 | 2 | 1.6 | 1.2 | 0.8 |
| | 向顾客解释回访的目的，征求并确认回访时间，规范礼貌地引导顾客上车 | 2 | 1.6 | 1.2 | 0.8 |
| | 感谢顾客光临，礼貌地询问对于本次服务的满意程度，并与顾客道别，行目送礼目送顾客开车远去 | 2 | 1.6 | 1.2 | 0.8 |

（续）

| 任务 | 评分要求与细则 | 优秀 | 较好 | 一般 | 较差 |
|---|---|---|---|---|---|
| 礼仪规范 | 着装整洁、正确，符合安全工作规范；仪表端庄，表情和蔼可亲，眼神自然真诚 | 6 | 4.8 | 3.6 | 2.4 |
| | 指引手势规范，姿态正确，自然大方 | 6 | 4.8 | 3.6 | 2.4 |
| | 吐字清晰，语速适中，语句流畅 | 3 | 2.4 | 1.8 | 1.2 |
| | 流程设计完整、流畅 | 6 | 4.8 | 3.6 | 2.4 |
| | 选手配合默契，任务分工合理 | 6 | 4.8 | 3.6 | 2.4 |
| | 完美体现企业的核心服务理念 | 3 | 2.4 | 1.8 | 1.2 |
| 合计 | | 100 | 80 | 60 | 40 |
| 最后得分 | | | | | |
| 小组总结 | | | | | |
| 教师建议 | | | | | |

A □（90～100） B □（70～89） C □（60～69） D □（60 以下）

（2）综合评价

见表 7-3。

**表 7-3　综合评价表**

| 评价项目 | 评价内容 | | | | 自我评价 | 小组评价 | 教师评价 |
|---|---|---|---|---|---|---|---|
| | A | B | C | D | | | |
| 工作态度 | 严谨专注，尽全力克服困难，敢于承担责任，努力改进方法 | 努力克服困难，遇到困难，积极听取各方意见，乐于尝试新方法 | 依据指令，规范操作，能够按要求完成任务，偶有拖延 | 遇到困难时有抱怨，被动完成任务 | | | |
| 学习能力 | 成长意识强，信息捕捉能力强，并能快速转化为能力 | 重视自我完善，信息捕捉能力较强，努力汲取新知识，具备一定的转化能力 | 愿意接收新信息，新知识，重视积累，具备初步的转化能力 | 在他人帮助下，能够学习新的知识，有转化能力 | | | |

（续）

| 评价项目 | 评价内容 | | | | 自我评价 | 小组评价 | 教师评价 |
| --- | --- | --- | --- | --- | --- | --- | --- |
| | A | B | C | D | | | |
| 自控能力 | 严格遵守学习纪律，严守任务时间，能够调节队友情绪，协调队友观点 | 遵守纪律，按时完成任务，能够控制情绪，积极采纳队友观点 | 有时间观念，服从教师、组长管理，愿意倾听队友意见 | 有迟到早退现象，有违反学习纪律现象 | | | |
| 沟通能力 | 乐于倾听，感情传达准确，观点能够得到队友认可 | 愿意倾听，表达流畅，能够接纳不同观点 | 理解队友，并能够明确地阐述自己的想法 | 能够理解队友的想法 | | | |
| 合作能力 | 理解服从的意义，迅速调整自我情绪，主动推动项目完成 | 服从团队管理，分担团队重要任务 | 尽力服从管理，分担团队基础任务 | 愿意完成自身任务 | | | |
| 6S标准 | 按照6S标准进行操作，使用工具正确规范，顺利完成任务 | | | | | | |
| 安全操作 | 严格遵守操作规范，不发生安全事故 | | | | | | |
| 学生自评 | 1. 本人分担的学习任务：<br><br>完成情况：<br><br>2. 本人在本次学习中，解决的问题有：<br><br>仍未解决的问题有： | | | | | | |
| 教师点评 | 1. 表扬的小组是第　组，理由是：<br>2. 对本小组的评价是：<br>3. 表扬的个人有：<br>理由是： | | | | | | |

## 六、巩固与练习

1）小组讨论如何通过接车宝对业务进行数据分析？

2）操作实践。在接车过程中，出现需要更换制动片的增项，如何与客户沟通并通过接车宝下单并派工？小组内一人扮演客户，一人扮演服务顾问进行演练。

# 参考文献

[1] 吴荣辉. 新能源汽车认知与应用[M]. 2版. 北京：机械工业出版社，2021.